JN023865

必携

ポルトガル語文法 総まとめ

Gramática indispensável da língua portuguesa

市之瀬敦

パウロ・フェイトール・ピント

レアンドロ・アルベス・ディニス

白水社

本文デザイン　九鬼浩子（株式会社スタジオプレス）
装丁　岡部正裕（株式会社ボイズ）

はじめに

　かつて私（＝市之瀬）が大学でポルトガル語を専攻していた頃、すなわち、1970年代末から80年代前半にかけて、ポルトガル語の教材は選択肢がきわめて限られていました。書店の語学書コーナーの棚を目の前にするとき、英語は言うまでもなく、フランス語やドイツ語やスペイン語や中国語などの学習者が羨ましく思えたものでした。

　時代は変わり、日本にブラジル人労働者が数多く押し寄せるという社会現象もあり、ポルトガル語に対する関心は高まり、それに合わせ、教材の数もかなり増えました。また、ポルトガルのポルトガル語専門の参考書も刊行され、学習者にはありがたい時代となりました。

　今、手にされている本書の特色のひとつは、日本人のポルトガル語教員が、ポルトガル人の専門家とブラジル人の専門家と3人で協力して、1冊の文法書にまとめた点にあると言えるでしょう。つまり、ポルトガルとブラジルの2つの変種を日本語で同時に学ぶことが可能になるのです。同じポルトガル語であることには変わりはありませんが、両国で今日話される言葉に明瞭な差異が存在することもまた事実です。違いにばかり目を向けてしまってもいけないとは思いますが、やはり2つの変種の違いを意識しながら学習する必要はあります。違いは、発音、文法、語彙面など広く及びます。

　本書で扱うブラジルのポルトガル語（Português Brasileiro）にしても、ポルトガルのポルトガル語（Português Europeu）にしても、どちらの場合も、教養ある話者が使用するであろうものです。各章の例文を見ていただければわかりますが、ポルトガル的な用例には文末に **PT**、ブラジル的な用例には **BR** と記してあります。両国に共通する場合は何も記してはありません。**PT** をブラジルで用いたからといって通じないというわけでもありませんし、その逆も同様です。**PT** としてあっても、ブラジルの書き言葉では使用されるケースもあります。しかし、誤解を生む可能性がないわけでもなく、母語話者は容易に違いを認識するでしょう。

　2つの異なる変種を1冊の文法書の中に収めるというのは無謀な試みかもしれません。しかし、ポルトガル語の世界の広がりが意識される時代のなか、求められる教材でもあるでしょう。少しでも学習者の要望に応えられるとしたら、私たち3人の喜びはけっして小さなものではありません。

著者を代表して

目次

第6章 ser と estar

第7章 ジェルンディオ（現在分詞）と進行形

第8章 人称代名詞

第22章　接続法現在

第23章　命令法

第24章　接続法未完了過去／完了過去／過去完了

第25章　接続法未来／未来完了

第26章　前置詞

第32章　発音と表記

凡例

（　）　補足説明、あるいは省略可能を示す。

[　]　直前の語句と入れ替え可能を示す。

PT　用例が主にポルトガルで用いられるものであることを示す。

BR　用例が主にブラジルで用いられるものであることを示す。

　ポルトガル語のすべての名詞は「性」という文法範疇によって男性と女性の2種類に大別されます。さらに、単数か複数かも考慮する必要があります。後続する章で見ますが、形容詞、指示詞、冠詞等は名詞の性と数に一致します。

Ⅰ　名詞の「性」

　多くの名詞の場合、「性」の割り当てに必然性はなく、前もって決めることはできませんが、人物や動物の場合、本来持っている生物学的な性別から文法の「性」が決定されることがあります。

　意味ではなく、語形から性を判断できるケースも多くありますが、例外もあり、その場合は男女の区別を記憶しなければなりません。以下の例では、男性名詞には定冠詞の男性形 o、女性名詞には定冠詞の女性形 a を付します。冠詞については第2章を見てください。

1　生物学的性別に基づく名詞

　　　　o homem 男、人 / a mulher 女　o pai 父 / a mãe 母　o filho 息子 / a filha 娘
　　　　o rapaz 青年 / a rapariga 若い娘 **PT** *　o avô 祖父 / a avó 祖母
　　　　o esposo, o marido 夫 / a esposa, a mulher 妻 **　o rei 王 / a rainha 女王
　　　　o cão 雄犬 / a cadela 雌犬　o leão 雄ライオン / a leoa 雌ライオン
　　　　o cavalo 牡馬 / a égua 雌馬　o galo 雄鶏 / a galinha 雌鶏
　　　　o gato 雄猫 / a gata 雌猫　o boi 雄牛 / a vaca 牝牛

　* この rapariga は **BR** では「娼婦」を想起させるため避ける方がよく、代わりに o moço / a moça を使います。
　**o marido / a mulher の対比の方が一般的です。

●ひとつの性しか持たない動物名詞
　　　女性形のみ　a águia 鷲　a baleia クジラ　a cobra 蛇
　　　男性形のみ　o antílope アンテロープ

　生物学者などが、こうした動物名詞に関し、オスであることを示す場合は「男性」を意味する macho を、メスであることを示す場合は「女性」を意味する fêmea を用います。

　　　a águia macho, o macho da águia オスの鷲
　　　a fêmea do antílope メスのアンテロープ

　o tigre「トラ」の女性形は a tigresa と o tigre-fêmea のふたつの形があります。

2　男性名詞の語形

●アクセントのない -o で終わる名詞は男性名詞

　　　o livro 本　　o caderno ノート　　o dicionário 辞書

　少ないですが、例外もあります。

　　　a tribo 部族　　a foto (= a fotografia) 写真

　　　a moto (= a motocicleta) バイク *

　* 現在のポルトガルでは a mota という形の方が多く使用されます。

●アクセントのある -á で終わる名詞は男性名詞

　　　o chá 茶　　o Canadá カナダ　　o sofá ソファー

● -ão で終わる名詞は男性名詞

　　　o balcão カウンター　　o balão 風船　　o botão ボタン　　o apagão 大停電

　　　例外　　a mão 手

● -l, -r で終わる名詞は多くの場合で男性名詞

　　　o jornal 新聞　　o lençol シーツ　　o sol 太陽　　o suor 汗　　o calor 熱

　少ないですが、例外もあります。　　a cor 色　　a dor 痛み　　a flor 花

●文字や数字は男性名詞

　　　o "d" (dê) （文字の d）　　o "4" (quatro)

3　女性名詞の語形

●アクセントのない -a で終わる名詞は女性名詞。ただし、例外も多いです。

　　　a mesa テーブル　　a porta ドア　　a janela 窓　　a garrafa ボトル、瓶

　　　例外　　o clima 気候　　o cinema 映画　　o dia 日　　o drama ドラマ

　　　o fantasma 幽霊　　o grama グラム *　　o idioma 言語

　　　o mapa 地図　　o planeta 惑星　　o poema 詩　　o problema 問題

　　　o programa プログラム　　o sistema システム　　o telefonema 電話

　* ポルトガルでもブラジルでも a grama とする人も増えています。duzentas
　　gramas de presunto「生ハム 200 グラム」。規範文法としては duzentos
　　gramas de presunto

● -ade で終わる名詞は女性名詞

　　　a cidade 都市　　a saudade ノスタルジー　　a comunidade 共同体

● -tude で終わる名詞はすべて女性名詞

　　　a atitude 態度　　a altitude 高さ　　a virtude 徳　　a solitude 孤独

● -agem で終わる名詞は女性名詞

　　　a passagem 通航、通過　　a garagem ガレージ　　a paisagem 景色

　　　例外　　o / a personagem 登場人物 *

*ポルトガルでは「登場人物」の性別によって変わるのではなく、使用者によって差があります。文学者は女性名詞として、他の分野の人は男性名詞として使用する傾向があります。ブラジルでは登場人物の性別によって使い分けます。

● -ião, -são, -ção で終わる名詞の多くは女性名詞

a legião 軍団　a região 地方　a religião 宗教　a decisão 決定

例外　o coração 心、心臓

4　男女同形の名詞

●人物を表す名詞には男女同形の名詞もあります。冠詞によって生物学上の性の区別が可能です。

o / a colega 同僚　　o / a estudante 学生　　o / a doente 病人

o / a guia ガイド　　　　　o / a imigrante 移民

o / a modelo モデル　　　　o / a artista 芸術家

o / a atleta アスリート　　　o / a presidente 会長、大統領 *

o / a dentista 歯科医　　　o / a burocrata 官僚

o / a carioca リオっ子　　　o / a timorense ティモール人

o / a canadense カナダ人 BR　o / a canadiano(na) カナダ人 PT

o / a intérprete 通訳　　　o / a jovem 若者

o / a policial 警察官 BR　o polícia / a polícia, a mulher polícia 警察官 PT

*PTと異なり、BR では a presidenta という女性形も存在します。ブラジルのジウマ・ルセフ元大統領（女性）は Presidenta と呼ばれることを好みましたが、その使用に反対する人もいました。

●両性を含みながらも単一の性しか持たない名詞があります。

a criança 子ども　o cônjuge 配偶者　o indivíduo 個人　a pessoa 人

a vítima 犠牲者　o ídolo 偶像、アイドル　a testemunha 証人

5　性によって意味が異なる名詞

●男性か女性かによって意味がまったく異なる名詞があります。

o capital 資本 / a capital 首都　　　　　o cura 司祭 * / a cura 治療

o lente 男性教師 ** / a lente レンズ　　　o moral 士気 / a moral 道徳

o polícia 男性警察官 PT / a polícia 警察

*この語は現在は両国ともにほとんど使用されません。

**古語であり、両国でほとんど使用されません。

●次の名詞は -o（男性）か -a（女性）によって別の語として区別されますが、意味的にはつながりがあります。

o banco 銀行 / a banca 銀行業界 **PT**　o fruto 果実 / a fruta 果物

これらの場合は「個別」と「全体」の違いとして考えられます。

Ⅱ　女性形のつくり方

　人や動物を表す男性名詞において、生物学的な性を示すのに男性形から女性形に変える方法があります。

● -o を -a に変える

　　o tio おじ → a tia おば　o filho 息子 → a filha 娘

　　o médico 医者 → a médica 女医

● -or を -ora に変える

　　o professor 男性教員 → a professora 女性教員　o leitor → a leitora 読者

● -ês を -esa に変える

　　o japonês → a japonesa 日本人　o português → a portuguesa ポルトガル人

● -ão を -ã に変える

　　o irmão 兄弟 → a irmã 姉妹　o alemão → a alemã ドイツ人

● -ão を -oa に変える

　　o leão ライオン → a leoa 雌ライオン　o patrão 主人 → a patroa 女主人

● -or を -triz に変える

　　o ator 俳優 → a atriz 女優

　　o embaixador 大使 → a embaixatriz 大使夫人（女性大使は a embaixadora）

● -eu を -eia に変える

　　o europeu → a europeia ヨーロッパ人　o ateu → a ateia 無神論者

　　例外　o judeu → a judia ユダヤ人

● -a を -isa に変える

　　o poeta → a poetisa 詩人 *　o profeta → a profetisa 預言者

　　o sacerdote 祭司 → a sacerdotisa 祭司役の女性

　　papa 教皇 → papisa 女教皇

　　* 最近では両国ともに a poeta という形も多く用いられます

● -u を -ua とする。ただし、ほとんど例はありません。

　　o peru → a perua 七面鳥

● 称号を意味するなどいくつかの名詞は -esa あるいは -essa に変わります。

　　o abade → a abadessa 修道院長

　　o cônsul 領事 → a consulesa 領事夫人、女性領事

● ほとんど使われませんが、-ina をつける。

　　czar → czarina ツァー　maestro → maestrina マエストロ

Ⅲ　名詞の複数形の作り方

●複数形の作り方の大原則は、単母音、二重母音、-ão 以外の二重鼻母音で終わる語は単数形の語末に -s を付します。

 o livro → os livros 本　　o rei → os reis 王　　a irmã → as irmãs 姉妹

 o pai → os pais 父親、両親　　　　　a mãe → as mães 母親

 o avô → os avós 祖父、祖父母　　　　a avó → as avós 祖母

●鼻母音を表わす -m は複数形で -n となり、さらに -s を付します。

 o homem → os homens 男性　　　a garagem → as garagens ガレージ

● -r と -z で終わる語には -es を付します。アクセントの変化に注意が必要な語もあります。

 o senhor → os senhores 男性　　　a luz → as luzes 光

 a raiz → as raízes 根　　o carácter → os caracteres 性格、気質、文字

● -ão で終わる名詞は、-ões, -ães, -ãos の 3 通りの複数形があります。-ões が最も一般的な形です。

 a informação → as informações 情報　　a tradução → as traduções 翻訳

 o alemão → os alemães ドイツ人　　　o cão → os cães 犬

 o pão → os pães パン　　　　　　　　o irmão → os irmãos 兄弟

 a mão → as mãos 手　　　　　　　　o cidadão → os cidadãos 市民

● -el で終わる語はもしそこにアクセントがある場合は -éis、そうでない場合は -eis となります。

 o anel → os anéis 指輪　　　　　　o papel → os papéis 紙

 o imóvel → os imóveis 不動産

● -al, -ol, -ul で終わる語は、-ais, -ois あるいは -óis, -uis となります。

 o casal → os casais 夫婦、カップル　　　o lençol → os lençóis シーツ

 o álcool → os álcoois, os alcoóis アルコール　　o paul → os pauis 沼地

 例外　o mal → os males 悪　　o cônsul → os cônsules 領事

   gol → goles, gols ゴール **BR**

   （**PT** と **BR** のいくつかの地域では golo → golos）

● -il で終わる名詞はもしそこにアクセントがある場合は -is、アクセントがない場合は -eis になります。

 o perfil → os perfis プロフィール　　o réptil → os répteis 爬虫類

● -s で終わる名詞は -es を付します。

 o país → os países 国　　　　　　o francês → os franceses フランス人

 o ananás → os ananases パイナップル **PT**

 例外　o ônibus → os ônibus 乗合バス **BR**

単音節語あるいは語末から2番目の音節にアクセントがある場合は不変化です。

o cais → os cais 波止場　　o lápis → os lápis 鉛筆　　o atlas → os atlas 地図
● -x で終わる名詞は不変化

o clímax → os clímax クライマックス

Ⅳ　複合名詞の複数形の作り方

●複合語でありながら現在は単一語であるかのように書かれる語は通常の規則に則って複数形を作ります。

o pontapé → os pontapés キック

o antibiótico → os antibióticos 抗生物質

o girassol → os girassóis ヒマワリ

●ハイフンあるいは前置詞で結ばれる複合語は、構成する語のカテゴリーや機能によって異なる複数形を作ります。

①修飾語と被修飾語の関係になる場合はどちらも複数形になる

名詞＋名詞（後続名詞が修飾語）

a couve-flor → as couves-flores カリフラワー

名詞＋形容詞　o amor-próprio → os amores-próprios 自尊心、うぬぼれ

a obra-prima → as obras-primas 傑作

形容詞＋名詞　o gentil-homem → os gentis-homens 紳士 *

o cachorro-quente → os cachorros-quentes ホットドッグ BR

数詞＋名詞（曜日の名前など）　a segunda-feira → as segundas-feiras 月曜日
* 両国でほとんど使用されません

②2番目の語のみが複数形になる場合

動詞＋名詞　　　　　　　o guarda-louça → os guarda-louças 食器棚

不変化語＋名詞　　　　　o vice-presidente → os vice-presidentes 副会長

o abaixo-assinado → os abaixo-assinados 署名簿

③最初の語のみが複数形になる場合

名詞＋前置詞＋名詞　　o fora-de-jogo → os foras-de-jogo オフサイド PT

o pão de ló → os pães de ló カステラ

名詞＋補語となる名詞　o pombo-correio → os pombos-correio 伝書鳩

o navio-hospital → os navios-hospital* 病院船

*hospitais も可

I　冠詞の種類と形

　ポルトガル語の冠詞には定冠詞と不定冠詞の2種類があります。いずれも男性形・女性形、単数形・複数形の区別があります。定冠詞も不定冠詞も、修飾する名詞の性と数に一致します。

		男性	女性
定冠詞	単数	o	a
	複数	os	as
不定冠詞	単数	um	uma
	複数	φ / uns	φ / umas

冠詞は名詞に先行します。

o livro / os livros /
um livro / uns livros　本
a mesa / as mesas /
uma mesa / umas mesas　テーブル

　不定冠詞は形容詞によって修飾された名詞に付され、付さないと非文となります。

　O Porto é *uma* cidade bonita. ポルトは美しい街だ。

　(×O Porto é cidade bonita.)

　Tens *uma* caneta de muito boa qualidade. **PT**
　君はとても質の良いペンを持っているね。

　不定冠詞の複数形にある φ は「ゼロ」を意味し、具体的な形としては存在しません。複数形の名詞が"裸"のままで用いられます。また、具体的に実現される複数形 uns / umas は「いくつかの」「およそ」といった意味を持ちます。

　Eu trouxe *um* jornal.　　新聞を（1部）持ってきた。

　Eu trouxe jornais.　　　新聞を（複数部数）持ってきた。

　Eu trouxe *uns* jornais.　新聞を何部か持ってきた。（3部以上を含意）

　Preciso de *umas* duas horas para acabar este trabalho.
　私はこの作業を終えるのに約2時間必要だ。

II　名詞の省略

　定冠詞も不定冠詞も、名詞が省略されたとき、que（関係代名詞）あるいは de（前置詞）の前で指示代名詞の役割を果たすことがあります。

　　o livro que ele leu　　　　　彼が読んだ本

　　　→　o que ele leu　　　彼が読んだもの

um livro que ele leu　　　　　彼が読んだある本

　　→ *um* que ele leu　　　彼が読んだあるもの

uns livros que ele leu　　　彼が読んだ数冊の本

　　→ *uns* que ele leu　　　彼が読んだいくつかのもの

Este é o livro do João, e este, *o* da Maria.

これはジョアンの本、そしてこれはマリアのもの（本）。

<h2>Ⅲ　冠詞と前置詞の縮合形</h2>

<h3>1　定冠詞と前置詞の縮合形</h3>

定冠詞は前置詞 a, de, em, por とともに縮合形を形成します。

a: a+o → ao　a+os → aos　a+a → à　a+as → às

Vou *ao* correio.　私は郵便局に行く。

de: de+o → do　de+os → dos　de+a → da　de+as → das

Gosto *do* professor Pinto.　私はピント先生が好きだ。

em: em+o → no　em+os → nos　em+a → na　em+as → nas

Eu moro *no* Japão.　私は日本在住です。

por: por+o → pelo　por+os → pelos　por+a → pela　por+as → pelas

morrer *pela* pátria　祖国のために死ぬこと

●なお、縮合が避けられるケースがあります。depois de o Primeiro-Ministro manifestar a sua opinião（首相が意見を明らかにする後で）のように、de の後に来るのが o Primeiro-Ministro という「句」ではなく、o Primeiro-Ministro manifestar... という「節」の場合です。しかし、以下のような例文も見つかります。

Arsenal-Bayern: "alemães" também deram show antes do jogo começar.

「アーセナル対バイエルン、ドイツ人たちは試合が始まる前からショーを披露した」

本来なら、de o jogo... であるべきですが、そうはなっていません。その理由は、この規則があまり知られていないからだと考えられます。

● antes de a ver 🇵🇹「彼女を見る前に」の a は定冠詞ではなく、目的格人称代名詞なので縮合はできません。ブラジルでもポルトガルでも、antes de ver ela を頻繁に耳にしますが、むしろ antes de vê-la の方が文法的にはお勧めです。

●作品名や新聞・雑誌名とも縮合は起こりません。

em "A Bola"　「ア・ボーラ」紙で

O jogador confirma a notícia *de* O Jogo.

その選手はオ・ジョーゴ紙の報道を認めている。

Manoel de Oliveira iniciou a rodagem de 'O Velho do Restelo'.
マノエル・デ・オリヴェイラは『レステロの老人』の撮影を開始した。

なお、前置詞 para の短縮形 pro(s)/pra(s) も口語レベルでは頻繁に用いられますが、フォーマルなレベルでは使われません。

BR　pra + a → pra　pra + as → pras　pra + o → pro　pra + os → pros

PT　pra + a → prá　pra + as → prás　pra + o → pró　pra + os → prós

2　不定冠詞と前置詞の縮合形

不定冠詞は前置詞 de, em とともに縮合形を作ります。これらの形は話し言葉での方がより多く用いられます。

de : de+um → dum　de+uma → duma　de+uns → duns
　　　de+umas → dumas

em : em+un → num　em+uma → numa　em+uns → nuns
　　　em+umas → numas

Ele é *dum* país pobre.　彼は貧しい国の出身だ。

Eu estive *num* parque pequeno.　私は小さな公園に行った。

● de ＋不定冠詞の縮合はブラジルよりポルトガルで頻繁に起こります。ブラジルの書き言葉ではこれらの縮合が行われないこともあります。

●また、ブラジルでは、Vivo em um país onde o crime compensa. 犯罪を犯す意味のある国に生きている。のように、em と不定冠詞が縮合しない例も見られます。ポルトガル人は num とするでしょう。

Ⅳ　定冠詞と不定冠詞の違い

定冠詞は、聞き手にとってすでに知られているものに対して使われます。話し手と聞き手の間で「同定」されていることが必要です。すでに話題になっているから、あるいは経験上知られているからです。

Não sei nada sobre o tema.　そのテーマに関して私は何も知らない。

Vi-te *no* jardim zoológico. **PT**

Eu vi você *no* jardim zoológico. **BR**
　その動物園で君を見たよ。

一方、不定冠詞の方は、前もって言及されてはいない、あるものの種類全体の代表ひとつに対して用いられます。

Era *uma* casa antiga.　古い家だった。

この世界にいったい何軒家があるのかわかりませんが、家という「種類」の中のひとつを選びだして話題にしているわけです。「不定」冠詞と言っても、何か得体

のしれないものを指すわけではないのです。話者（書き手）の頭の中では具体的な像を結んでいます。

無冠詞、冠詞が一切つけられない名詞の意味との違いも覚えておきましょう。

　　Ela é acusada *do* crime.　彼女はその犯罪で訴えられている。
　　Ela é acusada de *um* crime.　彼女はある犯罪で訴えられている。
　　Ela é acusada de crime.　彼女は犯罪で訴えられている。

　彼女は起訴されているわけですが、crime「犯罪」に定冠詞がついている場合は、その罪が聞き手（読み手）にも何だかはっきりしているわけですが（例えば殺人）不定冠詞だとそのあたりがあいまいになり、どの罪かはわかりません。無冠詞になると、ただ漠然と罪を犯し起訴されたという事実しかわかりません。ただし、de um crime と de crime の差はかなり微妙になります。

●ポルトガルとブラジルでの違いもあります。「ペンを持っている」のか訊ねる際、ポルトガル人は不定冠詞を付しませんが、ブラジル人は必ず付します。

　　Tens caneta? **PT** / Você tem *uma* caneta? **BR**　ペン持っている？

1　定冠詞を用いる語

●暦に関する語

季節　a primavera 春　o verão 夏　o outono 秋　o inverno 冬
　　　A primavera é a estação mais agradável do ano.
　　　春は一年で最も心地よい季節だ。

　ただし、o sol de primavera「春らしい太陽」のように形容詞的な場合は冠詞はつきません。この場合は、o sol primaveril に置き換えることが可能です。

祝祭日　Passei o Natal em Portugal e *a* Páscoa no Brasil.
　　　　私はポルトガルでクリスマスを、ブラジルでイースターを過ごした。

●地名、施設名

通り、広場　Moro *na* Rua Augusta.　私はアウグスタ通りに住んでいます。
　　　　　　Estamos *na* Avenida da Liberdade.　私たちは自由大通りにいる。

海洋、山、河川　o (oceano) Atlântico 大西洋　　o (oceano) Pacífico 太平洋
　　　　　　　　o (mar) Mediterrâneo 地中海　　os Alpes アルプス山脈
　　　　　　　　o (rio) Amazonas アマゾン川　　o (rio) Tejo テージョ川

公共機関の一部

　　Fomos *ao* hospital. 私たちは病院へ行った。

　　Vamos *ao* cinema. 私たちは映画館に行く。

　この場合、定冠詞を用いていてもどの病院、どの映画館に行くかは明確ではありません。ir a um cinema, ir a um hospital も可能です。ブラジル人は Vou no cinema. とすることが少なくありません。

一部の国名、大陸名

　　o Brasil ブラジル　　o Japão 日本　　a China 中国　　a Coreia do Sul 韓国

　　os Estados Unidos da América アメリカ合衆国　　a Suíça スイス　　など

　(a) França　フランス、(a) Inglaterra イギリス、(a) Espanha　スペイン、(a) África アフリカなどは定冠詞が省略されることがよくあります。

　しかし、Portugal ポルトガル、Angola アンゴラ、Moçambique モザンビーク、Cabo Verde カボ・ベルデ、São Tomé e Príncipe サントメ・プリンシペ、Cuba キューバは冠詞がつきません。Timor-Leste はポルトガルでは無冠詞ですが、ブラジルでは o がつきます。

　　Já estive em Timor-Leste. **PT** / Eu já estive *no* Timor-Leste. **BR**
　　私は東ティモールに行ったことがある。

　なお、都市名の多くは定冠詞を用いません。

　　Moramos em Lisboa.　　我々はリスボンに住んでいる。

　　Brasília não era a capital quando o Brasil se tornou independente.
　　ブラジルが独立したときブラジリアは首都ではなかった。

　しかし、語源が普通名詞であるときは厳密なルールがありません。o Porto, o Rio de Janeiro は定冠詞がつきますが、Belo Horizonte, Porto Alegre はつきません。 (o) Recife はつく場合もつかない場合もあります。

●数との組み合わせ

時刻の表現

　　O marido chegou *às* cinco horas.　　夫は 5 時に到着した。

年齢の表現

　　Casei *aos* vinte e cinco anos.　　私は 25 歳で結婚した。

　なお com を用いた Casei com vinte e cinco anos. の場合は定冠詞は不要です。

●人名

複数形で「…家」を意味します。

　　os Maias マイア家　　os Tanakas 田中家

●会話体での使用

　定冠詞は固有名詞とともに用いられることで、親しみ、愛着のニュアンスを与えます。この用法については地域差があることにも注意が必要でしょう。

> *O* Pedro é um bom rapaz.　ペドロは好青年だ。
> *A* Maria gosta de música.　マリアは音楽が好きだ。
> *O* Monteiro já chegou ao Brasil.　モンテイロ（苗字）はもうブラジルに着いた。

作家、芸術家、政治家の名前などには通常は定冠詞をつけませんが、親しみ、愛着を表わすために定冠詞をつけることもあります。

> Gosto muito *do* Assis.　私はマシャード・ジ・アシスが大好きだ。

●抽象名詞

> *O* amor é cego.　愛は盲目。

中性の冠詞 o は形容詞男性単数形につけられ、当該形容詞の一般的かつ抽象的な性質を意味します。「こと」を補って考えるとわかりやすいでしょう。

> *O* importante é que vocês estudem mais.
> 大切なことは君たちがもっと勉強することだ。

2　名詞化の用法

　定冠詞は動詞、代名詞、副詞、接続詞などの品詞を名詞に変える働きを持ちます。

> *o* falar do Algarve アルガルヴェ（地方）の言葉
> *os* porquês do sucesso 成功の理由

3　所有形容詞の代わりの用法

　所有形容詞の代わりに定冠詞が身体部位や衣装に関して用いられます。もちろん、所有形容詞を用いることも可能です。

> Você já lavou o [*seu*] cabelo.　君はもう髪の毛を洗った。
> É melhor tu pores o [*teu*] casaco.　君はコートを着る方がよい。

4　所有詞につく定冠詞

●所有詞につく定冠詞の省略

　ポルトガルでは所有詞に定冠詞が付されますが、ser の後で所有詞から定冠詞を省くと、全体を指すことがなくなります。

> São *os* meus colegas do departamento.　私の学科の同僚たちだ。（全員）
> São meus colegas do departamento.　私の学科の同僚たちだ。（一部）

●書き言葉において、前置詞、接続詞、ジェルンディオの直後で所有詞につく定冠詞が省略されることがあります。

através de (dos) meus amigos　私の友人を介して

mesmo que (os) vossos pais　君たちの両親と同じ

Partindo (o) seu copo, o João desistiu de beber água agora.
自分のコップを割ってしまい、ジョアンは今、水を飲むのをあきらめた。

5　定冠詞が使えない例

● estudar「勉強する」、aprender「学ぶ」、ensinar「教える」などの動詞の後で科目名には定冠詞は用いられません。

Estudar medicina no estrangeiro [exterior].　海外で医学を勉強する。

●「…として」という意味の como, enquanto の後では定冠詞は使えません。

Como teu amigo, digo isto francamente.
君の友人としてこのことは率直に言っておく。

Aconselho-te enquanto teu colega, não enquanto teu chefe.
君の上司ではなく、同僚として忠告しておくよ。

●以下の表現では定冠詞はつきません。

em seu favor あなたに有利に　a meu ver 私が見るに

a nosso pedido 我々の依頼で　por tua culpa 君のせいで

　ブラジルではポルトガルのような厳密なルールはないですが、定冠詞が用いられない方が多いようです。

第3章 形容詞

I 形容詞とは

形容詞は名詞や代名詞に補足的な情報を与え、修飾する名詞や代名詞の性と数に一致します。補語として使われても同様です。辞書には男性・女性単数形が掲載されています。

o carro vermelho 赤い自動車
a casa branca 白い家
os livros caros 高価な本
as janelas amarelas 黄色い窓

II 形容詞の性・数変化

形容詞の女性形の作り方、複数形の作り方は名詞に準じます。
ここでは女性形の作り方を見ます。（　）内は複数形です。

● -o で終わる形容詞は、語末を -a に変えます。
alto (altos) → alta (altas) 背が高い
bonito (bonitos) → bonita (bonitas) 美しい

● -eu で終わる形容詞は、語末を -eia に変えます。
europeu (europeus) → europeia (europeias)　欧州の
plebeu (plebeus) → plebeia (plebeias) 平民の
例外　judeu (judeus) → judia (judias) ユダヤ（人）の

1 男女同形の形容詞

● -l, -ar, -z, -em, -im, -um で終わる形容詞の大半は男女同形です。

atual (atuais) 現在の	fácil (fáceis) 容易な
hospitalar (hospitalares) 病院の	feliz (felizes) 幸福な
eficaz (eficazes) 効率的な	jovem (jovens) 若い
ruim (ruins) 悪い	comum (comuns) 共通の

例外　espanhol (espanhóis) → espanhola (espanholas) スペインの
　　　andaluz (andaluzes) → andaluza (andaluzas) アンダルシア（地方）の
　　　algum (alguns) → alguma (algumas) ある、いくつかの

● -es で終わる形容詞は男女・単複同形です。
prestes 準備が整った　simples シンプルな　reles 卑しい

2 特別な女性形をもつ形容詞

bom (bons) → boa (boas) 良い　　mau (maus) → má (más) 悪い

3 複数の名詞を修飾する場合

　ふたつの名詞を修飾する場合は、最も近くにある名詞の性・数に一致させるか、性が異なる場合は男性複数形にするのがよいでしょう。

O João e a Maria são *simpáticos*.　ジョアンとマリアは感じがよい。

Ⅲ　形容詞の位置

　多くの場合、形容詞は修飾する名詞に後置されます。

um caminho longo 長い道のり　　uma paisagem linda 美しい風景

1 名詞に前置される形容詞

● bom, mau のような単音節の形容詞、数量形容詞 (muito, pouco, tanto)、疑問形容詞 (que, qual, quanto)、指示形容詞 (este, esse, aquele) などは通常、名詞の前に置かれます。

uma boa pessoa 善人　　　　　　muitas pessoas たくさんの人々
quantas pessoas 何人　　　　　　este livro この本

● próximo, último も名詞に前置されます。

a próxima estação 次の駅　　　　a última chance ラストチャンス

2 位置によって意味が変わる形容詞

　名詞に前置されるか後置されるかによって意味が変わる形容詞があります。後置される場合は一般的かつ中立的なニュアンスですが、前置される場合はより主観的な意味を帯びます。

um homem grande 大柄な男性　　um grande homem 偉大な男
uma pessoa pobre 貧しい人　　　uma pobre pessoa 哀れな人
uma pessoa certa 正しい人　　　uma certa pessoa 誰か
um menino rico 金持ちの少年　　um rico menino* 素晴らしい (大切な) 少年
um amigo velho 老いた友人　　　um velho amigo 旧友
uma pessoa única ユニークな人　uma única pessoa たった一人の人

　* ブラジルではいくつかの地域を除いて、um rico menino はあまり使われない表現です。むしろ、um menino bonitinho, uma belezinha de menino という表現の方が通常でしょう。

動詞の現在形（規則変化）

I 動詞の特徴

　動詞は、人称（1人称、2人称、3人称）、数（単数、複数）、時制（現在、過去、未来など）、法（直説、接続、命令）によって活用変化します。さらに、ジェルンディオ（現在分詞）や過去分詞もあります。

　ポルトガル語の動詞を不定詞の語尾によって分類すると、-ar（第1活用）、-er（第2活用）、-ir（第3活用）で終わる主に3種類があります。それぞれが異なった形で、上記の文法カテゴリーによって語尾を変化させます。規則変化と不規則変化があります。

　また、-orで終わる一群の動詞（pôrとその派生語）がありますが、このグループも独自の活用変化を持ちます。ポルトガル語は不定詞さえも人称と数によって変化します（「第28章　人称不定詞」を参照）。

　以下に、falar「話す」という規則変化をする動詞の3人称複数形を例に、ポルトガル語の動詞の変化を示してみます。

不定詞（人称不定詞）　falar(em)	接続法現在　(que) falem
複合不定詞（複合人称不定詞） ter(em) falado	接続法未来　(que / quando / se) falarem
ジェルンディオ（現在分詞）　falando	接続法未来完了過去　(que) falassem
複合ジェルンディオ　tendo falado	接続法完了過去　(que) tenham falado
過去分詞　falado	接続法過去完了　(que) tivessem falado
直説法現在　falam	接続法未来完了 (que / quando / se) tiverem falado
直説法未完了過去　falavam	命令法　　(tu) fala/não fales (vós) falei/não faleis　もはや使用されない (você(s)/o(s) senhor(es)/a(s) senhora(s)) fale(m)/não fale(m)
直説法完了過去　falaram	
直説法過去完了単純形　falaram	
直説法過去完了複合形　tinham falado	
直説法未来　falarão	
直説法過去未来　falariam	
直説法現在完了　têm falado	
直説法未来完了　terão falado	
直説法複合過去未来　teriam falado	

直説法完了過去 falaram と直説法過去完了 falaram は 3 人称複数では同形となりますが、たとえば 1 人称単数の場合完了過去は eu falei、過去完了は eu falara となります。

　直説法現在の規則変化の形、およびその用法を学びましょう。-ar, -er, -ir という語尾が変化しますが、語根部分は変化しません。「代名詞」の章で見るように、3 人称の主語には ele(s), ela(s), você(s), a gente も入りますが、ここでは ele(s) で代表させます。また、2 人称複数 vós は PT でも BR でも現在は使用されないのでその活用を覚える必要はありません。

-ar（第 1 活用）　**falar**「話す」

	単数	複数
1 人称	eu fal**o**	nós fal**amos**
2 人称	tu fal**as**	(vós fal**ais**)
3 人称	ele fal**a**	eles fal**am**

-er（第 2 活用）　**beber**「飲む」

	単数	複数
1 人称	eu beb**o**	nós beb**emos**
2 人称	tu beb**es**	(vós beb**eis**)
3 人称	ele beb**e**	eles beb**em**

-ir（第 3 活用）　**partir**「出発する」

	単数	複数
1 人称	eu part**o**	nós part**imos**
2 人称	tu part**es**	(vós part**is**)
3 人称	ele part**e**	eles part**em**

　3 種類の活用形式に共通して、-o は 1 人称単数、-s は 2 人称単数、-mos は 1 人称複数、-is は 2 人称複数、-m は 3 人称複数の表示となっています。

●現在における習慣的・恒常的行為、出来事
　　A Hilda *estuda* muito.　イルダ（イウダ）はよく勉強する（勉強家だ）。
　　O senhor *canta* muito bem!　あなたはお歌が上手ですね！
●現在における状態・状況（恒常的か否かは問わない）
　　Nós *estamos* em São Paulo.　私たちはサンパウロにいます。

Como você *se sente* agora? / Como é que *te sentes* agora?
君、今どんな気分？

●一般的な真理・真実

A Terra *gira* em torno do Sol. / A Terra *gira* à volta do Sol.
地球は太陽の周りを回る。

●過去の出来事をより生き生きと現実味あるものとして表現する。[　]内は過去形。

Vasco da Gama *chega* [chegou] à Índia em 1498.
ヴァスコ・ダ・ガマは 1498 年にインドに到着する [した]。

A Segunda Guerra Mundial *termina* [terminou] com a derrota do Japão.
第 2 次世界大戦は日本の敗戦とともに終結する [した]。

●未来形の代用：この場合は未来を示す時間表現を伴うことが多い。

Vocês *viajam* [viajarão / vão viajar] para o Brasil depois de amanhã? BR
Vocês *vão* [irão] para o Brasil depois de amanhã? PT
君たちは明後日ブラジルに旅立つ [行く] のかい？

O Pedro disse-me que *se vai* embora logo à tarde. PT
O Pedro me disse que *vai* embora logo à tarde. BR *
ペドロは午後すぐに出発すると私に言った。

　＊ブラジルでは代名動詞の se が脱落することがよくあります。なお、代名動詞については「第8章　人称代名詞」を参照してください。

Campeonato brasileiro *começa* na segunda-feira.
（新聞の見出し）ブラジル選手権、月曜日に開幕

●命令

Vocês *voltam* antes do meio-dia, está bem?
あなたたちは正午前に戻るのですよ、いいですね。

第5章 不規則動詞（直説法現在）

Ⅰ 不規則動詞とは

規則動詞活用のパラダイムに従わない動詞群を不規則動詞と呼びます。不規則動詞には活用語尾が不規則なもの、語根自体が変化してしまうものがあります。前者には例えば trazer (eu trago, tu trazes, ele traz...)、後者には dar (eu dou, tu dás, ele dá...) などがあります。

Eu *dou* aulas de português às segundas e quartas.
私は毎月曜と水曜にポルトガル語の授業をする。

Você *traz* aquele livro que eu te pedi, quando me vier visitar?
会いに来てくれるとき、頼んでおいた本を持ってきてくれる？

Ⅱ 綴り字上の不規則動詞

例えば、vencer「勝利する」は eu venço, tu vences, ele vence... と活用し、venço に見られる ç の使用に不規則性を見て取れるかもしれませんが、これは [s] の音を表すための正書法上の適応にすぎず、したがって不規則動詞ではありません（正書法変化動詞と呼んだりもします）。こうした綴り字上の変化を起こす動詞を見ると、語根が -c, -ç, -g で終わる -ar 動詞においては、-e の前で、それぞれ -que, -c, -gu と形を変えます。（完了過去での ficar / fiquei, começar / comecei, chegar / cheguei など）

また、語根が -c, -g, -gu で終わる -er 動詞、-ir 動詞は -o と -a の前でそれぞれ -ç, -j, -g に変わります。

aparecer / apareço / apareça, eleger /elejo / eleja, erguer / ergo / erga, dirigir / dirijo / dirija, distinguir / distingo / distinga

Ⅲ 不規則のようにも思える規則変化

通常、規則動詞とされる次のような動詞も実は語根の母音が変化しており、厳密に言えば不規則動詞と見なすことも可能ですが、ポルトガル語の音韻規則にのっとったものであり、また正書法上の変化も被らないため、規則動詞として扱います。

gostar : eu gosto (g[ɔ]sto), tu gostas (g[ɔ]stas), ele gosta (g[ɔ]sta),
nós gostamos (g[u]stamos), vós gostais (g[u]stais),
eles gostam (g[ɔ]stam)

partir : eu parto (p[a]rto), tu partes (p[a]rtes), ele parte (p[a]rte),

nós partimos (p[ɐ]rtimos), vós partis (p[ɐ]rtis),
eles partem (p[a]rtem)

secar : eu seco (s[ɛ]co), tu secas (s[ɛ]cas), ele seca (s[ɛ]ca),
nós secamos (s[i]camos), vós secais (s[i]cais), eles secam (s[ɛ]cam)

Eu não *gosto* de futebol.　私はサッカーが好きではない。

Tu não *gostas* de trabalhar de manhã cedo.
君は早朝に働くのが好きではない。

Eu *gosto* muito de conhecer outras culturas.
僕は異文化を知ることが好きだ。

A gente *gosta* muito de andar de bicicleta.
僕たちは自転車に乗るのが大好きだ。

Nós *gostamos* de ir ao cinema juntos.
僕たちは一緒に映画に行くのが好きだ。

なお、ブラジルでは、g[o]stamos, g[o]stais であり、p[a]rtimos, p[a]rtis, であり、s[e]camos, s[e]cais です。

Ⅳ　母音が交代する動詞

1　直説法現在1人称単数形で、e→i あるいは o→u になる

以下の -ir 動詞は、母音の交代が正書法にも表示されます。直説法現在1人称単数形で、e→i あるいは o→u になります。例えば servir は eu sirvo, tu serves, ele serve... と活用し、dormir 眠るは eu durmo, tu dormes, ele dorme と活用します。

Eu *sirvo*-lhe um chá.　私はあなたにお茶を出します。

Este garçom sempre nos *serve* com muita simpatia. ⓑⓡ
Este empregado *serve*-nos sempre com muita simpatia. ⓟⓣ
このボーイはいつも感じよく給仕してくれる。

● servir と同じ活用をする動詞

aderir「くっつく」、advertir「警告する」、divertir「楽しませる」、competir「競う」、conferir「確認する」、convergir「集中する」、despir「脱がす」、digerir「消化する」、divergir「分岐する」、ferir「傷つける」、mentir「嘘をつく」、refletir「反射する」、repetir「繰り返す」、seguir「従う」、sentir「感じる」、sugerir「提案する」、vestir「着せる」

● dormir と同じ活用をする動詞

cobrir「覆う」（descobrir「発見する」、encobrir, recobrir も同じ活用）、engolir「飲み込む」、tossir「咳をする」

2 アクセントが置かれるときに、e → i となる

agredir, progredir, denegrir, prevenir, transgredir といった動詞では、アクセントが置かれるときに、e → i となります。

eu progrido, tu progrides, ele progride, nós progredimos, vós progredis, eles progridem

Progrido cada dia mais.　私は日々進歩する。

eu previno, tu prevines, ele previne, nós prevenimos, vós prevenis, eles previnem

Eu *previno* os desastres naturais.　私は自然災害に備える。

3 アクセントの置かれた母音が u → o に変化する

fugir「逃げる」、acudir「助ける」、cuspir「唾を吐く」、consumir「消費する」、sacudir「揺する」、subir「のぼる」、sumir「隠れる」といった動詞では、アクセントの置かれた母音が u → o に変化します（1人称は除きます）。

fugir : eu fujo, tu foges, ele foge, nós fugimos, vós fugis, eles fogem

subir : eu subo, tu sobes, ele sobe, nós subimos, vós subis, eles sobem

Sobem-se bainhas.　ズボンの裾上げいたします。

Tu nunca *sobes* à parte de cima da casa.
君はけっして家の上層階へは昇らない。

construir, destruir もこのグループに入れることができます。アクセント記号の有無に注意が必要です。

eu construo, tu constróis, ele constrói, nós construímos, vós construís, eles constroem

A poluição *destrói* a vida animal.　汚染が動物の生命を破壊する。

4 アクセントのある e が ei になる

barbear, bloquear, folhear, passear, pentear など、–ear 動詞ではアクセントのある e が ei になります。

eu passeio, tu passeias, ele passeia, nós passeamos, vós passeais, eles passeiam

Ele sempre *passeia* com o filho.　彼はいつも息子と散歩する。

5 -ear 動詞と同じような変化をする -iar 動詞

–iar 動詞は多くの場合は規則変化をしますが、ansiar, incendiar, mediar, odiar, remediar などでは -ear 動詞と同じような変化を見せます。

eu odeio, tu odeias, ele odeia, nós odiamos, vós odias, eles odeiam
Eu *anseio* pelo dia da viagem.　私は旅行の日が楽しみだ。

6　1人称単数形のみが不規則の動詞

caber : eu caibo, tu cabes, ele cabe…

medir : eu meço, tu medes, ele mede…

ouvir : eu ouço, tu ouves, ele ouve…

pedir : eu peço, tu pedes, ele pede…

perder : eu perco, tu perdes, ele perde…

poder : eu posso, tu podes, ele pode…

requerer * : eu requeiro, tu requeres, ele requer…

saber : eu sei, tu sabes, ele sabe…

valer : eu valho, tu vales, ele vale…

*requerer の3人称単数形は requer で、querer と同じ変化をします。

ouvir

Quanto mais envelheço, menos *ouço*.
齢を重ねるにつれ、聞こえが悪くなる。

pedir

Peço o favor de deixarem os guarda-chuvas à porta.
傘はドアのところに置いていってくださるようお願いします。

perder

Eu sou muito distraído; *perco* sempre minhas coisas.
私はすごく不注意で、いつも物をなくしてしまう。

poder

Eu *posso* fazer o trabalho até ao fim de semana.
私は週末まで仕事をすることができる。

saber

Eu não *sei* como chegar até lá; o caminho é muito complicado.
そこまでどうやってたどり着けるのかわからない。道筋がすごく複雑だ。

7　きわめて不規則な動詞群

crer「信じる、思う」eu creio, tu crês, ele crê, nós cremos, vós credes, eles creem
O senhor *crê* em Deus?　あなたは神を信じますか？
Creio que consigo acabar o trabalho até domingo.
私は日曜日までに仕事を仕上げられると信じている。

dar「与える」eu dou, tu dás, ele dá, nós damos, vós dais, eles dão

Dou-te [Te *dou*] mais um bolo. **PT** / **BR**　君にケーキをもう一つあげよう。

Isto não *dá*!　これはダメだ！

dizer「言う」eu digo, tu dizes, ele diz, nós dizemos, vós dizeis, eles dizem

Eu te *digo* o que aconteceu, se você estiver interessada. **BR**

Eu *digo*-te o que aconteceu, se tu estiveres interessada. **PT**

もし君に興味があるなら、何があったか言おう。

fazer「する、作る」eu faço, tu fazes, ele faz, nós fazemos, vós fazeis,
eles fazem

Eu nunca *faço* compras aos sábados, para evitar filas longas.

長蛇の列を避けるため、私は決して土曜日には買い物をしない。

Tu nunca me *fazes* nenhuma vontade! **PT**

Você nunca *faz* nenhuma vontade minha. **BR**　君は僕には冷たい！

haver eu hei, tu hás, ele há, nós havemos (hemos), vós haveis (heis),
eles hão

Eu *hei* de superar este trauma.　私はこのトラウマは乗り越えてみせる。

Há trinta alunos na turma.　クラスには 30 人の生徒がいる。

ir「行く」eu vou, tu vais, ele vai, nós vamos, vós ides, eles vão

Vou todos os dias ao parque.　私は毎日公園に行く。

Vamos jantar já!　今すぐ夕食にしよう。

vamos＋動詞の原形には「…しよう」の意味があります。

ler「読む」eu leio, tu lês, ele lê, nós lemos, vós ledes, eles leem

O Gerson *lê* muito pouco.　ジェルソンはほとんど読書しない。

Eu *leio* muitos romances policiais.　私は推理小説をたくさん読む。

pôr「置く」eu ponho, tu pões, ele põe, nós pomos, vós pondes, eles põem

Você *põe* o livro na estante, por favor? **BR**

Pões o livro na estante, por favor? **PT**

書棚に本を置いてくれますか？

Depois de terminado o jogo, eles *põem* as peças todas no seu lugar.

試合後は、彼らは用具をすべて元の場所に戻す。

querer「望む」eu quero, tu queres, ele quer, nós queremos, vós quereis,
eles querem

Quero aprender línguas estrangeiras.　外国語を学びたい。

Queres um cafezinho? **PT** / Você *quer* um cafezinho? **BR**

コーヒー飲みたい？

ter「持つ」 eu tenho, tu tens, ele tem, nós temos, vós tendes, eles têm

Eu *tenho* muitos amigos estrangeiros.

私にはたくさんの外国人の友達がいる。

Tem que haver PT [ter BR] alguém que trate da questão das águas residuais.

廃水の問題をケアする人が誰かいないといけない。

trazer「持ってくる」 eu trago, tu trazes, ele traz, nós trazemos, vós trazeis, eles trazem

Quando *trago* o guarda-chuva, nunca chove.

私が傘を持ってくるとき、けっして雨が降らない。

A atriz *traz* PT [usa BR] um vestido comprido de um consagrado estilista.

その女優は有名デザイナーのロングドレスを着ている。

ver「見る」 eu vejo, tu vês, ele vê, nós vemos, vós vedes, eles veem

O João *vê* televisão todo o dia.　ジョアンは一日中テレビを見ている。

Eu não *vejo* bem de longe. BR / Eu não *vejo* bem ao longe. PT

私は遠くからだとよく見えない。

vir「来る」 eu venho, tu vens, ele vem, nós vimos, vós vindes, eles vêm

Eu *venho* de bicicleta para [pra] cá. Ela *vem* a pé.

私はここへ自転車で来る。彼女は歩いてくる。

Eles *vêm* no comboio da tarde. PT / Eles *vêm* no trem da tarde. BR

彼らは午後の電車で来る。

第6 ser と estar

　英語の be 動詞に相当するポルトガル語の動詞には、主に ser と estar の２つの不規則動詞があり、その使い分けには注意が必要です。

I　直説法現在の活用

ser			estar		
eu **sou**	nós **somos**		eu **estou**	nós **estamos**	
tu **és**	vós **sois**		tu **estás**	vós **estais**	
ele **é**	eles **são**		ele **está**	eles **estão**	

　口語レベルではポルトガルでもブラジルでも estar の語頭 es- が発音されないことがしばしばあります。すなわち、eu tou... tu tás... ele / ela tá... nós tamos... eles / elas tão...。eu tô という表記もあります。

II　ser の主だった用法

●主語が持つ性質・特質・属性を定義づける機能があります。その性質・特質・属性は永続的なものであると考えられますが、特定の瞬間のものであってもかまいません。主語に関する国籍や職業や既婚・未婚や所属政党や信仰は理屈上では永続的ではありませんが、主語の定義づけをするためには ser を用います。

　　Ela *é* (uma) boa pessoa.　彼女は善良な人だ。

　　Eu *sou* japonês.　私は日本人だ。

　　Você *é* solteiro [casado].　君 (あなた) は独身 [既婚] だ。

●「時刻」「曜日」「日付」を表します。

　　São dez horas da noite.　夜の 10 時です。

　　Hoje *é* quarta-feira.　今日は水曜日です。

　なお、estar を使うこともできますが、やや不自然です。

　　Estamos na quarta-feira.

　　今日は水曜日です (私たちは水曜日にいる)。

●地理的所在や建築物などの永続的な「位置の特定」を表します。ただし、人、動物など動くものを主語にすることはできません。

　　Onde *é* a Praça da Figueira? **PT**　フィゲイラ広場はどこですか。

ブラジルでは ser ではなく estar が用いられることがあります。この文脈での estar の使用を認めないブラジル人もいます。

　　Onde *está* a Praça Sete de Setembro? BR　9月7日広場はどこにありますか。
　　Portugal *é* na Península Ibérica.　ポルトガルはイベリア半島にある。
　ただし、この意味では ser よりも ficar という動詞を使う方が通常です。

　　Portugal *fica* na Península Ibérica.

　Portugal *é* na Península Ibérica. は所在よりも、「ポルトガルはイベリア半島だ」という「…は〜だ」という定義づけの機能をあくまでもメインに果たしていると言った方がよいでしょう(「V　ficar と ser, estar の違い」も参照)。
●前置詞 de とともに、「出身」「所有」「材料・素材」を表します。

　　Esta casa *é* do Senhor Santos. PT / Essa casa *é* do Seu José. BR
　　この家はサントス氏／ジョゼさんのものだ。

　　A cadeira *é* de madeira.　その椅子は木製だ。
●不変化と思われる天候・気候の特徴を表します。また、夜、昼というサイクルは永続的で予測可能であるためやはり ser を用います。

　　O clima da primavera em Portugal *é* ameno.
　　ポルトガルの春の気候は温暖だ。

　　Mas aí já *é* dia? — Não, ainda *é* noite.
　　でもそっちはもう日中か？―いや、まだ夜だ。
●英語の「it is 形容詞 to 不定詞」に相当する非人称表現でも ser が用いられます。活用は3人称単数になります。

　　É bom aprender línguas estrangeiras.　外国語を学ぶのはよいことだ。

Ⅲ　estar の主だった用法

● estar は主語の性質・特質・属性が、物理的であれ心理的であれ、一時的・一過性・偶然・表面的であることを表します。主語のそれ以前の状態との比較がなされており、あるいは他の性質・特質・属性もありうることが想定されます。この点で ser と異なるのです。

　　Você *está* cansado?　君は疲れているの？
　　Esta sopa *está* salgada demais.　このスープはしょっぱ過ぎる。
　　対比　A água do mar *é* salgada.　海の水はしょっぱい。(性質)
●主語が移動しうるもののときの位置の特定を表します。

　　Agora *estou* no Brasil.　今、私はブラジルにいる。
　この文の場合、住んでいるのかもしれませんし、休暇を過ごしているだけかもしれません。住んでいるとしてもいずれは引っ越す見込みです。

O meu livro *está* em cima da mesa. **PT** / (O) Meu livro *está* em cima da mesa. **BR**　私の本はテーブルの上にあります。

●３人称単数形で、一時的な天気・気象条件を表します。

Está frio.　寒い。　　*Está* fresco.　涼しい。　　*Está* sol. 日が照っている。

Está vento. **PT** / *Está* ventando. **BR**　風が吹いている。

● estar com ＋いくつかの抽象名詞によって、主語の状態を表します。

estar com fome　空腹である　　estar com sede　のどが渇いている

estar com frio　寒い　　estar com calor　暑い　　estar com dor　痛い

もしその状態がより長続きする場合は ter 一語で表現できます。

ter fome　　ter sede　　ter frio　　ter calor　　ter dor

Ⅳ　ser と estar の対比

1　性質・特質

　性質・特質が一時的（変わりうる）なのか、永続的（不変化）なのかは重要な基準ですが、ser には定義づける機能があるという点も忘れずにおきましょう。estar の方は主語の性質・特質・属性を知るために実際に試してみないと言明できません。変化しうるからです。

Os chocolates desta marca *são* sempre muito doces, mas este *está* mais amargo.　このメーカーのチョコはいつもすごく甘いのに、これは苦いな。

Os legumes *são* bons para a saúde.　野菜は健康に良い（ものだ）。

Estes legumes *estão* bons.　これらの野菜は美味しい。

Este leite *está* azedo.　この牛乳は酸っぱい。

(O) Meu irmão, de 22 anos, *está* solteiro.
22 歳になる兄（弟）は独身だ。（ずっと独身のままではないという見込み）

Meu tio, de 60 anos, *é* solteiro.
60 歳になる叔父は独身だ。（ずっと独身のままであろうという見込み）

Está um belo dia.　素晴らしい天気だ。

É um belo dia.　美しい日とはこういうものだ。

Está um frio terrível.　ひどい寒さだ。

É um frio horrível.
ひどい寒さとはこのことだ。（例えば氷点下 40 度の極寒の地での発言として）

2　変化の概念の有無

　estar を用いた文では、行為や状態の変化の結果が見て取れます。

Ele *é* alto.　彼は背が高い（人だ）。

Ele *está* alto.　彼は背が伸びた（成長した）。

3　属詞とのつながり

　属詞が名詞の場合は ser が用いられることが多いですが、文脈次第では estar が使われることもあります。

　　A Joana *é* diretora da escola.　ジョアナは校長だ。

　　A Joana *está* como diretora da escola.　ジョアナは今は校長をしている。

　例えばジョアナが頻繁に職を変える人物であったり、現職（この場合は校長職）を短期的なものだと考えているときに使われます。

V　ficar と ser, estar の違い

　「滞在する」を意味する ficar も「位置の特定」を表します。

　　Moçambique *fica* no continente africano.
　　モザンビークはアフリカ大陸にある。

　　O meu carro *fica* em frente de casa.　私の自動車は（いつも）家の前にある。

　自動車は移動しうるので está でもよいです。ficar の場合は「（自宅にいるときは）いつもある」というニュアンスですが、estar の場合は「今ある」という意味にとれます。

● ficar には「…になる」（英語の become）という意味もあります。

　　Depois de falar com o Pedro, *fico* sempre feliz.
　　ペドロと話した後は、私はいつもハッピーになる。

● 「医者になる」などの場合は tornar-se の方がよいでしょう。

　　Ele estudou muito e *tornou-se* médico.　彼はよく勉強し、医者になった。

VI　andar と ser, estar の違い

　「歩く」を意味する動詞 andar は、主語の性質・特質・属性が永続的ではないけれど発話の時点で継続的であることを示すときにも用いられます。制限のない継続性という点で estar と異なります。この用法では、andar という「動作動詞」が「状態動詞」として使われるということです。

　　Desde a semana passada, a mãe *anda* preocupada com a doença do
　　filho.　先週以来、母親は息子の病気をずっと心配している。

　上記の文で、anda の代わりに現在完了時制である tem estado を用いても同じような意味になります。

　　Desde a semana passada, a mãe *tem estado* preocupada com a doença
　　do filho.

第7章 ジェルンディオ（現在分詞）と進行形

I　ジェルンディオの作り方

　現在分詞とジェルンディオ（ジェランド）は本来なら別の概念ですが、ポルトガル語文法では同一の用語として扱われます。作り方は簡単で、不定詞語尾 -r を不変化語尾 -ndo で置き換えれば完成です。

　falar → falando　　　comer → comendo　　　partir → partindo
　pôr → pondo　　　 ^ が不要になることに注意しましょう。

●複合形は ter のジェルンディオ＋過去分詞です。過去分詞は「第11章　過去分詞と現在完了・過去完了（複合形と単純形）」を参照。

　tendo falado, tendo comido, tendo partido, tendo posto

●研究者によっては、この -ndo で形成する形だけをジェルンディオと呼び、ラテン語の現在分詞 -nte に由来する agente, estudante, corrente, migrante, ouvinte などを「真の現在分詞」と呼ぶことがあります。

II　用法

●方法、同時性

　Não é bom ver televisão *fazendo* refeição. BR
　Não é bom ver televisão enquanto tomamos uma refeição. PT
　Não é bom ver televisão enquanto fazemos refeição. BR
　食事をしながらテレビを見るのはよくない。

　ポルトガルではジェルンディオを使用していない点に注意が必要です。

　O arroz doce faz-se *cozendo* arroz em leite com açúcar. PT
　O arroz doce se faz *cozinhando* arroz em leite com açúcar. BR
　アロス・ドセは砂糖入りのミルクでライスを煮ることで作られる。

　O menino chegou *correndo*. BR / O menino chegou a correr. PT
　少年は走りながらやってきた。

●原因、理由

　Sabendo que podia chegar atrasado ao aeroporto, fiz o check-in pela internet.
　空港に遅刻しそうなのがわかっていたので、私はインターネットでチェックインした。

●仮定

　　Tomando este medicamento, ficará melhor.

　　この薬を飲めば、よくなるでしょう。

　接続法未来を使う Se tomar este medicamento, ficará melhor. の方が自然でしょう。

●譲歩

　　Mesmo *saindo* cedo de casa, o Mário chegou atrasado à escola.

　　家を早く出たにもかかわらず、マリオは学校に遅刻した。

　ブラジルの口語では chegou na escola がより自然でしょう。ter を用いて完了を示してもよいでしょう（「Ⅲ　複合形」を参照）。

　　Mesmo *tendo* saído cedo de casa, o Mário chegou atrasado à escola.

●結果

　　O tufão arrasou a cidade, *destruindo* muitas casas.

　　台風が街を襲い、多数の家屋を破壊した。

●命令

　　Andando!　歩け！　　*Continuando*!　続けろ！

　ブラジルではほとんど使われませんが、ポルトガルでは頻用されます。

Ⅲ　複合形

　複合形は、主節より前の時間を示します。フォーマルな文脈で使用されます。

　　Tendo perdido o avião ontem, não poderemos chegar hoje a São Paulo.

　　昨日飛行機に乗れなかったので、僕たちは今日サンパウロに着けないだろう。

　上の文では tendo を除くことは不可能です。

　　Destruídos os edifícios e as casas na cidade, os habitantes ficaram,
　　depois do sismo, sem onde dormir.

　　町の建物や家屋が破壊され、地震の後、住民たちは寝る場所もなくなってしまった。

　これは出来事の流れから見て、tendo sido destruídos の tendo sido が省略されたものとして考えてよいでしょう。

　　Tido por muitos como o melhor político de sempre, Álvaro Cunhal é
　　reconhecido pela fisionomia do seu rosto e pela coerência política que
　　manteve ao longo da vida. (jornal i, 13 de junho 2015)

　　多くの者によって、これまでで最高の政治家と見なされるアルバロ・クニャルは、その顔のつくりと生涯貫いた政治的一貫性によって認められる。

　この文で tido は considerado の意味です。

Ⅳ　形容詞としてのジェルンディオ

　ブラジルでジェルンディオは形容詞的に使われ名詞を修飾することも可能です。
関係詞節を用いるとニュアンスが異なります。

　　Vi os jogadores *treinando* no campo. BR
　　Vi os jogadores a treinar no campo. PT
　　選手たちがグラウンドで練習しているのが見えた。

　　Vi os jogadores que treinavam no campo.
　　（例えばコートではなく）グラウンドで練習している選手たちが見えた。

Ⅴ　主語を持つジェルンディオ

　ジェルンディオの主語を明示することも可能です。その場合、主語はジェルンデ
ィオに後置されます。なお、ジェルンディオの主語と主節の主語は異なります。た
だしブラジルではあまり使われません。

　　Tendo tu finalmente chegado, todos eles ficaram satisfeitos. PT
　　やっと君が着いたので、彼ら全員が満足した。

　　×Tu tendo finalmente chegado, todos eles ficaram satisfeitos.

Ⅵ　知覚動詞の目的語に後置される場合

　ブラジルでは ver や ouvir という知覚動詞の目的語の後で用いられます。

　　Ontem eu passei de bicileta em frente à casa do Rafael e vi ele *jogando*
　　futebol. BR
　　Ontem passei de bicicleta em frente à casa do Rafael e vi-o (a) jogar
　　futebol. PT
　　昨日ラファエルの家の前を自転車で通ったら、彼がサッカーをしているのが目
　　に入った。

●不定詞の場合は若干のニュアンスが異なります。

　　Ontem eu fui ver o Rafael *jogar* futebol. BR / PT
　　昨日ラファエルがサッカーをするのを見に行った。

Ⅶ　em ＋ジェルンディオ

　em ＋ジェルンディオという極めてフォーマルな形式があります。「時間」「条件」
「仮説」を意味します。

　　Em chegando antes do tempo, posso fazer o que me pedes.
　　時間より早めに着けば、君の依頼をこなせる。

Em podendo, eu faço-te esse favor com todo o gosto.

もし可能であれば、喜んでそうしてあげるさ。

Em se tratando de amizade, qualidade vale mais do que quantidade.

友情についてならば、量より質が意味を持つ。

Ⅷ　ブラジルとポルトガルの違い

　ポルトガル語のジェルンディオは主語や目的語になることはありません。その場合は不定詞を用います。

　　Correr ē bom para a saúde.　ランニングは健康に良い。

　　×Correndo ē bom para a saúde.

●現在の限られた時間の枠内で継続する動作・行為を表す現在進行形は、ブラジルでは、「estar の現在形＋ジェルンディオ」で表されます。ポルトガルでは、「estar の現在形＋ a ＋ 不定詞」になります。

　　O que é que você *está fazendo*? ─ *Estou lendo* jornal. **BR**

　　O que é que *estás a fazer*? ─ *Estou a ler* o jornal. **PT**

　　君は何をしているの。─新聞を読んでいるところだよ。

　ポルトガルでも低アレンテージョ地方にあるベージャという町ではブラジル式の用法が見られます。

●ポルトガルとブラジルの間には、形式面だけでなく、使用場面にも違いがあるように思えます。例えば次の文はブラジル人が書いたものです。彼は夜中の２時に飛行機に搭乗予定でしたが、書いたのは前日の夕方６時です。現在進行形は「きわめて近い未来」を表すことができるのです。

　　Estou indo para Cuba nesta madrugada, para dar um curso de português para médicos. **BR**

　　医師向けのポルトガル語講座を担当するため、私は今夜深夜キューバへ行く。

　ポルトガル人なら、代わりに Vou para Cuba amanhā de madrugada.... あるいは、Vou para Cuba esta madrugada.... のように現在形を用いると思われます。ブラジル人がこのように言わないというわけではありません。

I　主格代名詞

主語になる主格代名詞は以下の通りです。

人称 (pessoa)			親しみの度合い (familiaridade)	動詞の活用例 (falar)
単数	1（男女）	eu		falo
	2（男女）	tu	**PT** 親称	falas
	3（男女）	você	**BR** 親称、**PT** 半親称	fala
	3（男）	o senhor	敬称	fala
	3（女）	a senhora	敬称	fala
	3（男）	ele		fala
	3（女）	ela		fala
	3（男女）	a gente		fala
複数	1（男女）	nós		falamos
	2（男女）	vós	敬称	falais
	3（男女）	vocês	親称	falam
	3（男）(男女)	os senhores	敬称	falam
	3（女）	as senhoras	敬称	falam
	3（男）	eles		falam
	3（女）	elas		falam

tu の使用を **PT** としましたが、実際はブラジル北部、北東部、南部などの一部でも使用されます。

1　主格代名詞の省略と明示

多くの時制で動詞の活用語尾が人称を表わすため、主格代名詞の省略が可能です。Falo. と言えば主語は eu でしかありえません。主格代名詞の省略はブラジルよりポルトガルの方が頻繁に起こると言えるでしょう。

(Nós) Gostamos muito de viajar.　私たちは大の旅行好きです。

Eu me chamo Leandro. **BR** / Chamo-me Paulo. **PT**

私の名前はレアンドロ（パウロ）です。

逆に、主語を明示・強調したい（しなければならない）とき、動詞の活用形からでは主語が特定できない場合など、代名詞を省略できない（しない方がよい）文脈もあります。

> *Ele* bebe muito café, mas *ela* bebe pouco.
> 彼はコーヒーをたくさん飲むが、彼女はほとんど飲まない。

> *Eu* quero ficar aqui, e *tu* queres ir-te embora.
> 僕はここに留まりたいが、君は出発したがっている。

> *Você* quer que *eu* te telefone mais tarde? `BR`
> 君は後で僕が君に電話してほしいのかい？

> *Tu* queres [quer] que *eu* te telefone mais tarde? `BR`

　tu に対しては queres ですが、ブラジルでは規範と異なり、しばしば3人称の形になります。一方、ポルトガルでは、Queres que te telefone mais tarde? のようになります。eu を明示しないと telefonar の主語は ele / ela かもしれませんが、通常は eu を明示しません。eu の不在自体が主語 eu を意味し、もし3人称 ele / ela が関与する場合のみ ele / ela を明示します。

2　主格代名詞と強調と語順

●インフォーマルな会話では、1人称（eu, nós）を cá で、ele(s), ela(s), você(s) を lá によって強調することがあります。

> Eu não digo nada, *eles lá* decidem.　　私は何も言わない、彼らが決めるのだ。

● eu を含む複数の主格代名詞が主語になるとき、英語と異なり、ポルトガル語では eu を先にすることが可能です。しかし、礼儀あるいは謙虚さゆえに語順を変えることもあります（ブラジルではそのようにしつける親もいます）。

> *Eu* e o Pedro jogamos badminton. / O Pedro e *eu* jogamos badminton.
> 僕とペドロはバドミントンをプレーする。

●否定的な内容の場合などは、あえて eu を先にすることもあります。

> *Eu* e o Pedro somos responsáveis por tudo isso.
> 私とペドロがそのすべての責任者です。

●目的格代名詞が動詞に前置されるブラジルでは、それらが文頭に来ないようにするために主格代名詞を明示するように求められますが、目的格代名詞が o, a, os, as 以外の場合は省略されることも少なくありません。

> (*Eu*) Me chamo João.　　私はジョアンといいます。`BR`

> *Eu* o conheço muito bem. `BR` / Conheço-o muito bem. `PT`
> 私は彼のことをよく知っている。

　現在のブラジルでは教養ある人でも Eu conheço ele muito bem. とすることが

増えています。Eu o conheço muito bem. はフォーマルな文脈に限られます。ブラジルでも O conheço muito bem. の形は使われません。

3　3人称代名詞について

　男女混合の場合は、男性複数形を用います。

Eles (João e Maria) foram à festa ontem.
彼ら（ジョアンとマリア）は昨日パーティーに行った。

　ブラジルのインフォーマルな会話では、Eles (João e Maria) foram na festa ontem. のように、前置詞が異なるでしょう。

● você(s) / o(s) senhor(es) / a(s) senhora(s) は話し相手に言及しており、よって意味的には2人称代名詞ですが、歴史上あるいは語源上の理由から活用は3人称となります。対応する目的格代名詞も3人称の形を取ります。

●インフォーマルなポルトガル語では、「私たち」の意味で a gente が使われます。活用は3人称単数（A gente fala.）となりますが、意味を受けて A gente falamos. となることもあります。ですが、その使用は避けた方がよいでしょう。

●ポルトガル語には英語の it に相当する中性の代名詞はありません。ポルトガルで、ele がその機能を果たすことはありますが、古臭く、田舎風の感じがします。ブラジルでは不可能だと思ってよいでしょう。

Ele choveu muito ontem. **PT**　昨日はすごく雨が降った。

　通常は非人称的に Choveu muito ontem. と言います。

●3人称代名詞は人だけでなくものに対しても用いられます。

O João deve estar cansado. *Ele* correu muito ontem.
ジョアンは疲れているはず。（彼は）昨日すごく走ったんだ。

Vou comprar algumas frutas para a festa. *Elas* devem ser bem frescas. **PT**
Vou comprar frutas para a festa. *Elas* precisam estar bem frescas. **BR**
パーティー用にいくつかフルーツを買おう。（それらは）十分に新鮮でないといけないよ。

4　2人称代名詞について

　Iの表から見てとれるように、ポルトガル語の2人称代名詞の体系は英語より複雑です。どの形を用いるかは、話し手と聞き手の地域方言、年齢、社会階層、教育水準などによります。しかも時代とともに変化を遂げているので、断定的なことを言うのがむずかしいのです。ここでは、可能な範囲で留意すべき点を指摘しておきましょう。

● tu

ポルトガル全土、ブラジルのいくつかの地方（リオデジャネイロ、リオグランデドスル、北部、北東部など）で、友人、夫婦、親類などファーストネームで呼び合う間柄で使われます。年長者が子どもに使うこともあります。ブラジルでは、フォーマルな場面を除き、動詞の活用は 3 人称単数となります（話者の教育レベルは関係ありません）。

  Tu sabe. 君は知っている。 *Tu* diz. 君は言う。

● vós

古いポルトガル語で tu の複数形ですが、今ではポルトガルの北部・中内陸部の一部、および教会のお祈りなどで使用されるくらいです。神 (Deus) に語りかけるときにも使われましたが、最近はやはり tu で代用されます。

● você(s)

語源が vossa mercê なので動詞の活用は 3 人称となります。ブラジルの大半の方言で唯一の親称です。ポルトガルでは tu よりもフォーマルですが、敬称でもなく用法も流動的であり、慣れるまでは使用しない方がよいでしょう。ブラジルの口語体では cê(s) が用いられますが、フォーマルな場面での使用は避けましょう。vocês はポルトガルでもブラジルでも tu と você の複数形となります。

● o(s) senhor(es), a(s) senhora(s)

você(s) よりも丁寧な敬称です。目上の人に対して用います。ブラジルよりもポルトガルの方がよりフォーマルな感じがします。

	tu	você	senhor / senhora
PT	インフォーマル	フォーマル	フォーマル
BR	インフォーマル	インフォーマル	フォーマル

ポルトガル、ブラジルの両国を比較すると、você の意味が異なることがわかります。ブラジルの tu はポルトガルの tu に該当し、一方ポルトガルの tu はブラジルの tu, você に該当します。ポルトガルの o senhor / a senhora はブラジルの o senhor / a senhora に該当しますが、ブラジルの o senhor / a senhora はポルトガルの você, o senhor / a senhora に該当します。

●話し相手に対し、どの形を用いてよいのかわからない場合は、ブラジルなら代名詞を一切用いなければよいですし、ポルトガルでは相手のファーストネームを用いるか、o amigo / a professora （＋姓あるいは名）等の語を使います。また、視線や体の向きなどから誰に向かって話しかけているかを知らせることも可能でしょう。

O João quer vir comigo? ジョアン（君）は僕と来るかい？

A amiga (Maria) vai ao cinema hoje?
友人（＝マリア、君）は今日映画に行きますか？

O professor Santos está bem? サントス先生お元気でしょうか？

5 呼びかけの言葉

誰かに呼びかけるとき、ポルトガル語では以下の形式を用います。呼びかけの際は定冠詞は伴いません。

senhor / senhora は単独あるいはその後に苗字を伴って用いられます。

Senhor Batista, o senhor quer um chá?
バティスタさん、お茶を一杯どうですか。

Senhora, a senhora está com sede? あの、喉がお渇きですか。

●「あなた」という主格代名詞としては定冠詞が必要です。

senhorita は名前（ファーストネーム）とともに用いられ、未婚の若い女性に対し使われます。ただし、senhor が単一なのに比べ、女性は senhora と senhorita に分けられることが差別につながるとして近年は使用が減りつつあります。

Senhorita Paula, está de acordo conosco? **BR**
パウラお嬢さん、我々に賛成でしょうか。

●ポルトガルでは senhorita は使われず、menina が独身女性に使われたことがありますが、やはり使用は減りつつあります。menino / menina が 12、13 歳くらいまでの少年少女に使われることはあります。

O *menino* não sabe que não pode fazer isso?
僕、そんなことしてはダメってわからないの？

A *menina* já comeu a sopa toda? お嬢ちゃん、スープは全部飲んだの？

●ブラジルで、senhor に由来する seu は目上あるいは年長者に対し名前（ときに苗字）とともに用いられます。

Seu Jorge, o senhor está com pressa? ジョルジュさん、お急ぎですか。

● dona（D. と略す）は目上あるいは年長の女性に対し、名前とともに使われます。dona は王家、貴族の女性に対しても用いられます。

Dona Teresa, a senhora é de Lisboa?
テレザさん、あなたはリスボンのご出身ですか。

● dom（D.）は名前とともに、王家、貴族、教会幹部に対して用いられます。

D. José, o senhor quer jantar já? ジョゼ様、今すぐ夕食になさいますか。

おおざっぱに言えば、日本語の「…を」に相当します。

eu	→ me（男女）	nós	→ nos（男女）
tu	→ te（男女）	vós	→ vos（男女）
você	→ o（男）/a（女）	vocês	→ vos（男女），os（男），as（女）
o senhor	→ o（男）	os senhores	→ os（男）
a senhora	→ a（女）	as senhoras	→ as（女）
ele	→ o（男）	eles	→ os（男）
ela	→ a（女）	elas	→ as（女）

●男性複数形は男女をともに含む名詞に対しても使用できます。Luís と Maria の 2人を見たときに、次のように言います。

　　Eu vi-os. **PT** / Eu os vi. **BR**　　私は彼ら（ルイスとマリア）を見た。

　ブラジルの口語体では、você(s) / o(s) senhor(es) / a(s) senhora(s) / ele(s) / ela(s) がそのまま目的格として使用されることがよくあります。

　　Eu vi *os senhores*. / Eu vi *eles*.

　なお、Eu os vi. はフォーマルです。いずれも **PT** では Eu vi-os. です。

　Eu vi eles. をポルトガルでも耳にすることはありえますが、口語的であり庶民 レベルの使用です。

●2人称の直接目的格代名詞

　ブラジルの口語体では、você に対する o / a の代わりに te が用いられます。た だし、相手は配偶者、子ども、親友などに限られるという説明もなされます。ポル トガルに比べ、ブラジルでは o(s) / a(s) の使用が限られるのです。

　　Eu *te* amo. **BR**　　　(Eu) Amo-*te*. **PT**

　vós に対しては vos が用いられます。vocês に対しては os あるいは as が使わ れますが、ポルトガルでは曖昧さを回避するために vos が用いられることも多くあ ります。vós の使用領域が限られるのに比べ、その目的格である vos は広く用いら れます。ブラジルでは宗教言語以外では vos の使用はほぼ消えてしまったと言え るでしょう。

　　Protejo-vos de qualquer perigo. **PT**

　　いかなる危機からも僕は君たちを守るよ。

　ブラジル人はこのようには言いません。

　　Protejo-os de qualquer perigo. **PT** / **BR**

　この os は vocês の代名詞ですが、ポルトガルでは古めかしいですし、ブラジル ではきわめてフォーマルな感じがします。

Protejo *vocês* / *os senhores de qualquer perigo.* BR

ブラジルでは日常的に使用されますが、ポルトガルでは、Protejo vocês... は稀であり、Protejo os senhores... はとてもフォーマルです。

ブラジルの2人称の目的格代名詞を整理すると、以下のようになります。

Eu vou *te* convidar para a festa. BR （親密な関係）
Eu vou convidar *você* para a festa. BR （通常の用法）
私は君をパーティに招待するつもりだ。

上記2文にはほとんど差異はないとも言えます。

(Eu) Vou convidá-lo [la] para a festa. PT

o senhor/a senhora に使うような丁寧な言い回しとして、Eu vou convidar o senhor para a festa. も可能ですが、ポルトガルではとてもフォーマルに感じられます。

●直接目的格代名詞を強調するとき、前置詞＋代名詞を繰り返すことがあります。ブラジルではフォーマルで文学的ですが、ポルトガルでは頻繁に使用されます。

A mim, eles viram-*me* na escola.　私を彼らは学校で見た。
Ninguém *nos* apanha, *a nós*.　われわれのことは、誰も捕まえられない。

Ⅲ　間接目的格代名詞

おおざっぱに言えば日本語の「…に」に相当します。

eu	→ me （男女）	nós	→	nos （男女）
tu	→ te （男女）	vós	→	vos （男女）
você	→ lhe （男女）	vocês	→	lhes （男女）
o senhor	→ lhe （男）	os senhores	→	lhes （男）
a senhora	→ lhe （女）	as senhoras	→	lhes （女）
ele	→ lhe （男）	eles	→	lhes （男）
ela	→ lhe （女）	elas	→	lhes （女）

ブラジルの口語体では、você に対する lhe の代わりに te が用いられます。ただし、相手は配偶者、子ども、親友などに限られます。

Eu *te* mostrei a fotografia. (=Eu *lhe* mostrei a fotografia.)
Mostrei-*te* a fotografia. PT
私は君に写真を見せた。

vos は祈りの言葉など、限られた場面でのみ使用されます。

口語レベルでは、間接目的格代名詞の代わりに、前置詞 para あるいは a ＋代名詞を用ることも同じくらいの頻度であります（前置詞格人称代名詞は「Ⅳ　前置詞格

の人称代名詞」を参照)。

 Ele deu um chocolate *para* [*a*] mim. BR
 Ele *me* deu um chocolate. BR / Ele deu-*me* um chocolate. PT
 彼は僕にチョコをくれた。

 ポルトガルでは、Ele deu-me um chocolate, a mim. という文は、「私に」を
強調しています。

 ブラジルの一部地方では会話体で o(s) / a(s) の代わりに lhe(s) が用いられるこ
とがあります（伝統文法では認められません）。アンゴラやモザンビークでも確認
される用法です。

 Todo o mundo sabe que seu pai *lhe* protegeu.
 父親が君を守ったことは誰でも知っている。

 seu pai o protegeu がフォーマルになりますが、通常は seu pai protegeu ele
が多いでしょう。

 Toda a gente sabe que o teu pai *te* protegeu. PT

Ⅳ　前置詞格の人称代名詞

 １人称単数（mim）、２人称単数（ti）、３人称単数（si）を除き、前置詞のあと
では主格代名詞を使うことができます。

 Estas flores são para *mim* ou para ti?　これらの花は私にそれとも君に？
 ブラジルでは para você も可能。

 (A) Minha irmã comprou uma casa para *si* (mesma). BR フォーマル
 A minha irmã comprou uma casa para *si* (mesma). PT
 姉（妹）は自分用に家を買った。

 ポルトガルでは、si は você(s), o(s) senhor(es), as senhora(s) の代わりに用い
られます。

 Estas flores são para *si*. PT / Estas flores são para *você*. BR
 これらの花はあなたにですよ。

● exce(p)to, menos, salvo, entre はその後に主格代名詞を取りますが、それ以
外の前置詞は前置詞格代名詞を取ります。

 Todos foram à festa exce(p)to [menos / salvo] *eu*.
 私以外はみんなパーティーに行った。

 ブラジルでは à の代わりに na が日常会話では用いられます。

 Há uma grande distância entre *eu* e tu.
 僕と君の間には大きな隔たりがある。

 伝統文法では、entre mim e ti が正しいとされます。

● com の後では前置詞格代名詞は縮合されます。

com + mim	→	comigo
com + ti	→	contigo
com + si	→	consigo
com + nós	→	connosco **PT** / conosco **BR**
com + vós	→	convosco **PT**

connosco / conosco, convosco は、nós や vós に数詞や todos, mesmos, próprios が後続する際は縮合しません。

   com nós três 私たち3人とともに   com vós todas あなた方全員とともに

ポルトガルでは、com você(s) / com o(s) senhor(es) / com a(s) senhora(s) / com ele(s) / com ela(s) を consigo で置き換えることができます。もし senhor presidente / senhora professora などの場合は、consigo とせずに、com o senhor presidente / com a senhora professora のようにした方が丁寧でしょう。

● de と em は ele(s) と ela(s) とは縮合形を作ります。

| de + ele(s) = dele(s) | de + ela(s) = dela(s) |
| em + ele(s) = nele(s) | em + ela(s) = nela(s) |

de / para+você(s) が docê(s) / procê(s) になることがブラジルのミナスジェライス州などいくつかの地域の話し言葉ではありますが、規範としては認められません。

V　アクセントを持たない代名詞の語順

アクセントを持たない1音節の目的格代名詞の位置に関してはポルトガルとブラジルの違いに注意が必要です。両国の話し言葉における大きな違いは、単文の平叙文において、ポルトガルではアクセントのない代名詞を動詞の後に置きますが（エンクリーゼ）、ブラジルでは逆に前に置くことが多いのです（プロクリーゼ）。動詞の後に置く場合はハイフンで結びます。

Ele ofereceu-*me* um livro. **PT** / Ele *me* ofereceu um livro. **BR**
彼は僕に本を一冊くれた。

目的格代名詞を文頭に置くことは文法的にはよくありません。ただしブラジルの口語では me, te, se で始まることがしばしばあります。

Te amo. **BR** / Amo-*te*. **PT**　愛してる。

ブラジルでも文法の専門家たちは、文頭に目的格代名詞を置くことを認めませんが（Te amo. を非文法的とする）、実際はその用法は増える傾向にあります。それを避けるためには、主格代名詞を明示する、あるいは目的格代名詞を動詞の後に置くという手段があります（Eu te amo. Amo-te.）。

ブラジルの口語では Te amo muito. は普通に聞かれます。

●ポルトガルでもブラジルでも、否定辞 (não, nunca, ninguém) の後に目的格代名詞が置かれます。

Não *me* diga isso.　私にそんなこと言わないで。

Nós não *lhes* damos presentes.　私たちは君たちにプレゼントをあげない。

Ninguém *me* convidou.　誰も私を招待してくれなかった。

●従属節内、あるいは関係詞の節内では動詞の前に置かれます。

É verdade que o João o comprou.　ジョアンがそれを買ったのは本当だ。

Quando *te* convidei, porque é que não vieste? **PT**
君を招待したとき、何で来なかったの？

Conheço aquele homem que *te* cumprimentou.
君に挨拶したあの男性を知っているよ。

●否定した場合には、否定辞の前に代名詞を置くことも可能です。

Quando não o vejo,... / Quando o não vejo,... **PT**　あなたを見ないときは、

●法助動詞 (dever, poder, querer, saber など) の後の不定詞の目的語は不定詞の後に置かれますが、くだけたスタイルでは法助動詞に後置されることもあります。

Devemos ver-*nos* às seis horas. / Devemo-*nos* ver às seis horas.*

Devemos *nos* ver às seis. **BR** / A gente deve *se* ver às seis. **BR**
僕たちは6時に会わないといけない。

*Devemo-nos の -s の脱落に関しては「Ⅵ　音が変化する代名詞」に詳述。

Propomo-*nos* a atingir este objetivo.
私たちはこの目的を達成することを提案します。

●法助動詞を否定しても同じ語順となります。

Não posso vê-*lo* hoje.

Não o posso ver hoje.（くだけた文体）

Não posso ver *ele* hoje. **BR**　今日は彼に会えない。

この中でブラジルの口語で好まれるのは、最初の法助動詞と主動詞を割る形で、2番目は稀です。逆にポルトガルではこの2番目の語順が好まれます。

●複合時制、受動態の場合、ブラジルでは主動詞の前、あるいは助動詞の前に目的格代名詞が置かれます。

Tinham *me* dito isso. **BR** / Tinham-*me* dito isso. / Foi-*me* dito isso.
私はそう言われていた。

ただし、Me foi dito isso. **BR**　Isso foi-me dito. **PT** も可能です。

A ordem foi *lhe* dada.　A ordem *lhe* foi dada.　命令が彼に下された。

ただし、A ordem foi dada para ele. Deram a ordem para [a] ele. の方が

日常会話では好まれるでしょう（参考 A ordem foi-lhe dada. **PT**）。

    Ele vai *se* adaptando ao novo ambiente.

    Ele *se* vai adaptando ao novo ambiente.

    彼は新しい環境に慣れていくだろう。

● o(s), a(s) の場合は、法助動詞の前に来るか、不定詞の後に置かれます。

    – Vocês querem bebê-*lo*?（フォーマル）**BR** / **PT**

    – Vocês querem beber *isso*? **BR** / **PT**　君たちはそれを飲みたいの？

●疑問詞、感嘆詞、願望を表わす語句の後でも動詞に前置されます。

    Quem *te* disse isso?　誰が君にそんなことを言ったの？

    Como o respeitam!　なんて尊敬しているのだ！

    Oxalá *te* saia a sorte grande.　君が大当たりするように！

    ただし、ブラジルでは Tomara que você tenha sorte. の方が、ポルトガルでは Desejo-te sorte. Espero que tenhas sorte. の方がよく使われる表現です。

    なお「神の御加護を！」Deus o salve! / Deus te ajude [acompanhe]! においては、文頭に que が潜在的に意識されています。

●以下の副詞の後では、目的格代名詞は動詞の前に置かれます。

ainda, apenas, até, bastante, bem, já, quase, raramente, sempre, só, também, talvez, tanto

    Só *lhe* digo isto.　君にだけこのことを言うよ。

    Talvez eu o veja amanhã.　おそらく明日彼に会うだろう。

    Talvez eu veja *ele* amanhã. **BR** も可です。

●不定代名詞、不定形容詞（todo(s), tudo, alguém, ninguém, qualquer, vários など）が主語となるとき、動詞の前に置かれます。

    Alguém *me* deixou mensagem.　誰かが私に伝言を残していった。

    Ninguém *me* viu entrar.　誰も私が入るところを見なかった。

●前置詞 de, por, para, sem の後では動詞の前に置かれます。

    Vim aqui para *te* dizer uma coisa.

    君にひとつ言いたいことがあって、僕は来たんだ。

    Não podes sair daqui sem *me* pedir licença.

    私の許可なくここから出てはダメだよ。

●ブラジルで、動詞が命令形の場合は、me,te,nos,lhe(s) は動詞の前に置くことが可能ですが、o(s),a(s) に関しては不可能です。

    Diga-*me* uma coisa. / *Me* diga uma coisa. **BR**　ひとつ教えて。

    Mostre-o. / Mostre. / Mostre isso.　それを見せて。　×O mostre.

VI 音が変化する代名詞

● o(s), a(s) がエンクリーゼを起こすときに注意すべき点を指摘しておきます。a, e, i, o, u で終わる動詞のエンクリーゼとなるときは変化を被りません。

　　Bebo-o todo.　私はそれをすべて飲む。

　　Bebeu-*a* toda.　彼はそれをすべて飲んだ。

　なお、この2文それぞれを Bebo tudo. Bebeu tudo. とすることも可能です。

●動詞が鼻母音で終わるとき、鼻子音 n が付され、no(s), na(s) になります。

　　Querem-*na*. (querem+a)　彼らはそれを欲する。

　　Põe-*no*. (põe+o)　彼女はそれを置く。

　ブラジルでは Querem-na. Põe-no. は書き言葉だけとも言えるので、Eles a querem. Ela o põe. の方が使用されるでしょう。

●1人称複数 -mos+nos では動詞の -s が脱落します。

　　Deitamo-nos. (deitamos+nos)　私たちは横になる。

● -s, -z, -r で終わる動詞 +o(s), a(s) の場合、これらの子音は脱落し、o(s), a(s) は lo(s), la(s) という形を取ります。ポルトガルでは日常会話でも用いられますが、これらの形はブラジルでは規範文法書で見られるくらいでしょう。

　　Nós estudamo-*lo*. (estudamos+o)　私たちはそれを勉強する。

　　Você trá-*la* para aqui. (traz+a)　君はそれを持ってくるだろう。

　　Você fá-*la*. (faz+a)　君はそれをする。

　　Você fê-*la*. (fez+a)　君はそれをした。

　動詞の語末の母音が開いている場合は ´ アセント・アグード、閉じている場合は ^ アセント・シルクンフレクソを用います。i は基本的にアクセント記号を必要としませんが、-uir で終わる動詞は -ui という二重母音でないことを示すためにアセント・アグードを付して í とすることもあります。

　　Devemos construí-*los* para as pessoas desalojadas.
　　家を失った人たちのために、私たちはそれらを建設しないといけない。

　　Vou atraí-*lo*.　彼を魅了してしまおう。

●未来形、過去未来形に -o(s), -a(s) が付されるときも活用語尾の前に挿入する現象が起こります。ブラジルではほとんど使用されないと考えてけっこうですし、ポルトガルでも使用は減少しつつあります。

　　(Eu) Cantá-*lo*-ei. (Eu o cantarei.)　それを歌うだろう。

　　(Eu) Cantá-*lo*-ia. (Eu o cantaria.)　それを歌うだろうに。

　例外として、querer, requerer があります。(re)quer+o(s), a(s) は母音 e が挿入され (re)quere-o(s), (re)quere-a(s) となります。

●ブラジルでは、o(s), a(s) は実現しない、動詞の前に置く、その代わりに isso, ele(s), ela(s) を使うことがよくあります。

Eu divido-*os* em dez. PT BR / Eu *os* divido em dez. BR
Eu divido em dez. PT BR / Eu divido *isso* em dez. BR
Eu divido *eles* em dez. BR
それらを 10 に分ける。

Ⅶ　代名詞の縮合

　目的格代名詞に関してはさらに注意すべき事項があります。2種類の目的格代名詞がともに用いられるとき、縮合するのです。その語順は間接目的格代名詞＋直接目的格代名詞となります。

me + o(s) = mo(s)　　　　　me + a(s) = ma(s)
te + o(s) = to(s)　　　　　te + a(s) = ta(s)
lhe + o(s) = lho(s)　　　　lhe + a(s) = lha(s)
lhes + o / a = lho / lha　　lhes + os / as = lhos / lhas

lho, lha, lhos, lhas の単複を決めるのは、直接目的格代名詞の数になります。

Ela deu-*mo* anteontem. PT　　彼女はおとといそれを私にくれた。
Dou-*tas* um dia destes. PT　　近日中に君にそれらをあげるよ。
Explicamos-*lhos*. PT　　私たちは君たちにそれを説明する。

　これらはブラジルでは使われませんが、ポルトガルでは通常の会話でも用いられます。

● nos, vos + o(s), a(s) の際、–s で終わる活用＋ o(s), a(s) と同じ規則が適用されます。

nos + o(s) → no-lo(s)　　　　nos + a(s) → no-la(s)
vos + o(s) → vo-lo(s)　　　　vos + a(s) → vo-la(s)

Eles deram-*no-los*.　　彼らは私たちにそれをくれた。
Entreguei-*vo-las*.　　私はそれらを君たちに渡した。

　この縮合形は現在ブラジルでは使用されないと言ってよいでしょう。ポルトガルでもかしこまった書き言葉のみで使用されます。ブラジルでは代わりに次のような言い方をします。

Ela *me* deu (isso) anteontem. BR　　指示代名詞を使う
Ela *o* deu para *mim* anteontem. BR　　前置詞＋代名詞を使う
彼女はそれをおととい私にくれたよ。

　動作主（主語）と被動者（目的語）が同じである動詞を再帰動詞と言います。ポルトガル語では、再帰代名詞を用いるため代名動詞とも呼ばれます。再帰代名詞の1人称、2人称に関しては、単複とも、目的格代名詞と同じです（me, te, nos, vos）。3人称は単複ともに se になります。前置詞の目的語となる場合も1人称、2人称については単複ともに前置詞格代名詞と同じですが、3人称は単数複数ともに si となり、mim, ti, si, nós, vós, si となります。再帰代名詞は直接目的格も間接目的格も同じ形です。

levantar-se「起きる」

(eu) levanto-me	(nós) levantamo-nos*
(tu) levantas-te	(vós) levantais-vos
(você, ele, ela) levanta-se	(vocês, eles, elas) levantam-se

＊1人称複数形のエンクリーゼでは、語末の -s が落ちます。

1　再帰代名詞の用法

●再帰の用法

Ele levanta-se. は「彼は立ち上がる」ですが、Ele levanta-o. は「彼はそれを（別の彼を、あなたを）起こす」という意味になります。

　再帰代名詞は直接目的格でもあり、間接目的格にもなりえます。

　　直接：Você *se senta*. **BR** / Você *senta-se*. **PT**　　君は座る。

　　間接：Eu *me comprei* um livro. **BR** / Eu *comprei-me* um livro. **PT**
　　　　　私は自分用に本を買った。

　主語の行為がそのまま本人に戻ってくるとき、つまり「再帰」するとき再帰代名詞が用いられます。

　　O João *olhou-se* ao espelho. **PT** / O João *se olhou* no espelho. **BR**
　　ジョアンは自分の姿を鏡で見た。

　次に見る「相互性」の意味と区別するために、前置詞の目的語となる代名詞の後に mesmo あるいは próprio を補います。

　　O João *olhou-se* a si *próprio* ao espelho. **PT**

　ブラジルでは、O João se olhou a si próprio no espelho. はかなり強調的あるいは余剰であり、O João se olhou no espelho. あるいは O João olhou a si próprio no espelho. とするのがより自然でしょう。

　　A Maria e a Joana *se veem* a si *mesmas*. **BR**

　　A Maria e a Joana *veem-se* a si *mesmas*. **PT**
　　マリアとジョアナはそれぞれ自分の姿を見る。

●相互性の用法

主語の行為がお互いに影響を与えあう場合に用いられます。主語は複数です。

Telefonam-se todos os dias. **PT** / Eles *se telefonam* todos os dias. **BR**
彼らは毎日電話をかけあう。

相互性を明確にするために、次のような表現を用いることが多いです。

reciprocamente / mutuamente / um ao outro（男性2名、あるいは男女
1名ずつ）/ uns aos outros（3名以上の男性、あるいは3名以上の男女）/
uma(s) à(s) outra(s)（2名以上の女性）

O João e a Paula *amam-se reciprocamente* [*mutuamente / um ao
outro*]. **PT**　ジョアンとパウラは互いに愛し合っている。

Os americanos e os ingleses *se respeitam uns aos outros.* **BR**

Os americanos e os ingleses *respeitam-se uns aos outros.* **PT** / **BR**
アメリカ人とイギリス人はお互いを尊敬している。

As alunas desta turma não *se ajudam umas às outras.*
このクラスの女子生徒たちはお互いに助け合うわけではない。

●受け身（受動態）の用法

再帰代名詞3人称の **se** を用いて受け身の意味を表わすことができます（1人称、
2人称は不可能）。

Vende-se moradia. / *Vendem-se* moradias.　家屋売却。

Vende-se moradias. という構文もよく使われますが、そのとき **se** は不特定主
語を表わし、moradias は目的語です。Vendem moradias. と同じと解釈できます。
一方で、Vendem-se moradias. では moradias は主語です。ただし、Vende-se
moradias. を非文法的と見なす専門家もまだいます。

この構文で主語は「モノ」に限られます。「人」の場合は「受動性」ではなく、「再
帰性」あるいは「相互性」を帯びます。

Lavam-se roupas.　洋服洗います。

Os meninos *lavam-se* a si mesmos. / Eles *lavam-se* a si próprios. **PT**
少年たちは自分の体を洗う。

Os meninos se lavam. **BR** が通常の文。Eles lavam a si próprios. **BR** も可
能ですが、Eles se levam a si próprios. は強調あるいは余剰に聞こえます。

●その他の用法

se の後に別の人称代名詞が続くことがあります。行為の結果から影響を受ける
ことを意味します。正確な意味は文脈に依存します。

O leite *entornou-se-lhe.* **PT** / O leite derramou nele. **BR**
彼が気づかないうちに、（彼の体に）ミルクがこぼれた。

se を用いる受動態では行為者を表わすことはできません。

Lavaram-se as roupas há pouco tempo.　少し前に洋服の洗濯は済んだ。

As roupas foram lavadas pelo marido hoje.
洋服は今日は夫によって洗濯された。

しかし、次の文のように「…によって」が表現されるケースもあります。

O João *formou-se* pela Universidade de Brasília.
ジョアンはブラジリア大学を卒業した。

2　動詞の再帰動詞化

　理論的にはどの他動詞も非再帰目的代名詞を再帰代名詞に変えることで再帰的な意味になります。

Ela *me deitou* no chão. BR / Ela *deitou-me* no chão.
彼女は私を床に横たえた。

Ela *se deitou* no chão. BR / Ela *deitou-se* no chão. PT
彼女は床に横になった。

しかし、他動詞的な場合と再帰的な場合で意味が異なる動詞があります。

comportar	許す、耐える	comportar-se	振る舞う
despedir	解雇する	despedir-se (de)	別れを告げる
fazer	する、作る	fazer-se	…になる
lembrar	思い出させる	lembrar-se (de)	思い出す
tornar	戻る、変える	tornar-se	…になる、変わる

3　前置詞を伴う再帰動詞

　再帰の意味を持たない再帰動詞には前置詞が伴うことが多くあります。

● apaixonar-se por　…に恋する

Ele *se apaixonou pela* cidade de São Paulo. BR
彼はサンパウロ市が大好きになった。

● arrepender-se de　…を後悔する

(Eu) *Arrependi-me* de não ter passado o Réveillon em Lisboa. PT
リスボンで大晦日を過ごさなかったことを私は悔やんだ。

● atrever-se a　あえて…する

Ela não *se atreveu a* reclamar. BR / PT
彼女はクレームをつけることはしなかった。

● ausentar-se de　…を欠席する

Vou *me ausentar da* reunião por quinze minutos. BR

私は 15 分間会議から席を外す。

● esforçar-se por　…のために努力する

Estou a *esforçar-me para* concluir o trabalho no prazo. **PT**
私は締め切り内に仕事を仕上げるように努力しているところだ。

● indignar-se com　…に憤る

Eles *se indignaram com* a decisão do juiz. **BR**
彼らは判事の決定に憤慨した。

● parecer-se com　…に似ている

O meu pai *parece-se* muito *com* o meu avô. **PT**　父は祖父似だ。

● preocupar-se com　…を心配する

Você não *se preocupa com* seu futuro? **BR**
Não *te preocupes* com o teu futuro? **PT**
君は将来が心配ではないの？

● queixar-se de　…の不満を言う

Pare de *se queixar de* tudo! **BR** / Pare de *queixar-se de* tudo! **PT**
何でもかんでも文句を言うのはやめなさい！

● tratar-se de　扱う／…のことである

Trata-se de um estudo empírico.　実証的な研究である。

4　再帰代名詞の省略

　いくつかの動詞では、話し言葉では再帰代名詞が省略されることがあります。丁寧な場面では省略しない方がよいでしょう。

● casar(-se) com　…と結婚する

Ele vai (*se*) *casar com* a Roberta no sábado.
彼は土曜日にロベルタと結婚する。

● esquecer(-se) de　…を忘れる

Eu nunca vou (*me*) *esquecer do* que ele me disse.
僕は、彼が言ってくれたことは決して忘れない。

● lembrar(-se) de　…を思い出す

Você (*se*) *lembra de* trazer o livro amanhã?
明日その本を持参することを覚えている？

● rir(-se) de　…を笑う：**BR** では se はほとんど使用されません。

Você está *rindo do* quê?　君は何を笑っているの？

第9章 所有詞

I 所有詞の形

所有詞には所有形容詞と所有代名詞があり、その形は同じです。注意すべきは、所有詞の男性形・女性形を決めるのは所有される（修飾される）名詞の性と数であり、所有者ではないのです（人称は所有者が決めます）。

所有者	男性	女性	所有者	男性	女性
eu	meu(s)	minha(s)	nós	nosso(s)	nossa(s)
tu	teu(s)	tua(s)	vós *2	vosso(s)	vossa(s)
ele / ela*1	seu(s)	sua(s)	eles / elas*3	seu(s)	sua(s)
a gente	da gente	da gente			

*1 você, o senhor, a senhora も同じ形をとります。

*2 vosso(s) / vossa(s)はブラジルではもはや使われないと言ってよいでしょう。ポルトガルでは tu と呼ぶ対象が複数いるときに用いられます。

*3 vocês, os senhores, as senhoras も同じ形をとります。

●口語的ですが、特にブラジルでは、「私たちの本」を o livro da gente と言うこともあります。

● você (s) について

ブラジルのいくつかの地方では você に対して tu と同じ所有詞 teu / tua が用いられます。

ブラジルでは多くの場合、通常 de vocês が用いられます。

● 3 人称の所有詞について

ブラジルでは senhor / senhora の所有詞には dos senhores / das senhoras を用いる方が通常です。ポルトガルも同様です。

ele, ela, eles, elas に関し、ブラジルではフォーマルな書き言葉でのみこの表のような形をとるでしょう。口語体では、dele, dela, deles, delas を用います。

Presidente reúne *sua* equipe em reunião extraordinária. BR

(O) Presidente reúne a *sua* equipa em reunião extraordinária. PT

（新聞の見出しから）大統領、臨時閣議を招集。

　　所有形容詞として用いるとき、定冠詞が所有詞に前置されることがありますが、その傾向はポルトガルの方がブラジルよりも強く見られます。

　　(A) *Minha* casa fica longe daqui.　　我が家はここから遠くにある。

●指示詞、不定冠詞と共起することもあります。

　　Este *meu* carro é muito rápido.　　この私の車はすごく速い。

　　語順は、Este carro meu も可能。×Meu este carro は非文法的です。

　　Uma amiga *minha* comprou esta casa.

　　私の女友達の一人がこの家を買った。

　　この両語は多義的で、注意が必要です。o seu carro **PT**, (o) seu carro **BR** は「あなたの自動車」「あなた方の自動車」「彼の自動車」「彼らの自動車」「彼女の自動車」「彼女らの自動車」と解釈することが可能です。誤解を避けるために seu, sua は「あなた（方）」の意味に使い、「彼の」などには dele などを用いることがよくあります。

　　o carro dele　　彼の自動車　　　　o carro deles　　彼らの自動車
　　o carro dela　　彼女の自動車　　　o carro delas　　彼女らの自動車

　　次の2文を比較してください。

　　① Rafael, o Rodrigo me chamou para ir na casa *dele* neste domingo. **BR**
　　　　ラファエル、ロドリゴが今度の日曜日彼の家に来るように電話してきたんだ。

　　② Rafael, o Rodrigo me chamou para ir na *sua* casa neste domingo. **BR**
　　　　ラファエル、ロドリゴが今度の日曜日君の家に行こうって電話してきたんだ。

　　①の場合の「家」はロドリゴの家です。一方で、②では聞き手はラファエルの家を考えるでしょう。

●ポルトガルでも seu は誤解の元で、次のような解決策を用います。Ele foi no seu carro.「彼は（君の）自動車で行った」と Ele foi no carro dele.「彼は彼の自動車で行った」ですが、後者を補って次のように言います。

　　Ele foi no *seu* carro, *seu dele*.　　彼は自分の自動車で行った。

●前置詞 de と o senhor を組み合わせて使うこともできます。

　　o livro do senhor / o livro da senhora　　あなたの本
　　o livro dos senhores / o livro das senhoras　　あなた方の本

●ブラジルのインフォーマルな文体では、配偶者、息子・娘、親戚、親友など você を用いる近い関係の間柄のとき、seu(s) / sua(s) の代わりに teu(s) / tua(s) が使われることがあります。

Você sabe onde está *teu* professor?
君の先生がどこにいるか知ってるか？

Ⅳ　名詞の性と数との一致

　名詞が２つ以上ある場合は、最も近くにある名詞の性と数に一致させます。もしくはそれぞれに一致させます。

　　Vou convidar (o) *seu* irmão e a irmã.
　　Vou convidar (o) *seu* irmão e (a) *sua* irmã.
　　君の兄弟と姉妹を招待します。

　なお、Vou convidar (os) seus irmão e a irmã. は不自然な感じがします。

Ⅴ　所有者の強調

　próprio(s), própria(s) を用いて、所有の特性を強調することができます。

　　Você falou mal do *seu próprio* amigo!
　　君自身の友人の悪口を口にしたのだ！

Ⅵ　身体部位と所有詞の省略

　ポルトガル語の特徴として、身体部位や衣服、親族が動詞の主語に属するとき、所有詞が省略され定冠詞が用いられることがあります。この場合、所有詞の存在は余剰と判断されるかもしれません。

　　Pedro cortou o cabelo ontem.　ペドロは昨日髪を切った。

　このとき、Pedro cortou o seu cabelo ontem. とすると、ペドロが床屋であり、聞き手の髪をカットした、と解釈されるかもしれません。

　　Vou com *a* esposa.　（私は）妻と行きます。

Ⅶ　その他の所有詞の省略

　文脈から所有者が誰であるか明白なとき、所有詞は省略されます。

　　Emprestei-lhe o (*meu*) livro, não foi?　君に（僕の）本を貸したよね。
　目的格代名詞によって所有の意味を表すこともできます。

　　Ele tirou-*me* a carteira.　彼は私から財布を奪った（彼は私の財布を奪った）。
　　Tocaste-*me* no rosto. **PT**　君は僕の顔に触れた。
●所有詞は所有者を表すのであって、必ずしもある時点でそのものを身につけているとは限らない点に注意してください。

　　① Ele *me* tirou a *minha* carteira.
　　② Ele tirou a *minha* carteira.

いずれも私の財布が取られたのですが、①では「私」が財布を所持していたと
考えるのに対して、②では「私」が所持していたかもしれないし、「私」以外の人（た
とえば妻など）が身につけていたところを取ったのかもしれません。

Ⅷ　「所有」以外の意味

●所有詞は「愛着」「敬意」「軽蔑」を意味します。

> *Minha* senhora, quer tomar café?　奥様、コーヒーをお望みでしょうか？
>
> *Seu* sem vergonha, vê bem o que fez!
> この恥知らず、何をやらかしたかよく見ろ！
>
> *Meu* amigo, vou ter muitas saudades tuas.
> 友よ、君なしでは寂しくなるよ。

●数字の前で「約」「およそ」の意味で用いられます。

> O tio João tem (os) *seus* sessenta anos.
> ジョアンおじさんは 60 歳くらいです。

Ⅸ　所有代名詞と定冠詞の省略

　所有形容詞をそのまま所有代名詞として用いることができます。形は所有される
ものに一致します。所有代名詞は名詞の位置に現れます。

> O *meu* é muito bom.　私のはとても良い。

定冠詞を省略した Meu é... は言えません。

ser の後で述語として用いられるときは定冠詞を省略する傾向があります。

> Esta casa é (a) *nossa.*　この家は私たちのものだ。
>
> De quem é aquele carro? — É *meu.*　あの自動車は誰の？―僕のだ。

ブラジルでは、この文脈では É o meu. は言えませんが、ポルトガルでは可能で
しょう。

第10章 指示詞（指示形容詞と指示代名詞）

I 指示詞の形

　ポルトガル語の指示詞の体系は、「こ・そ・あ」の3項対立であり、それぞれに変化形（男女・単複）および不変化形（中性）があります。空間・時間を3種類に

	これ／この	それ／その	あれ／あの
男性	este(s)	esse(s)	aquele(s)
女性	esta(s)	essas(s)	aquela(s)
中性	isto	isso	aquilo

分けるということです。大まかに言うと、この3区分は3つの人称（eu, tu, ele / ela）、3つの場所の副詞（aqui ここ、aí そこ、ali あそこ）の領域区分に一致すると言ってもよいでしょう。なお、ブラジルの口語では、este(s), esta(s), istoの代わりに esse(s), essa(s), isso が使われるようになっています。つまり、「それ（ら）・そ（れら）の」だけでなく「これ（ら）・こ（れら）の」の意味でも用いられるのです。口語レベルではブラジルは指示詞に関しては2項対立になっていると言えそうです。Esse lápis aqui comigo não é meu. BR 「この鉛筆は私のものではない」という文が可能なのです。なお esse aqui と esse ai の区別は可能です。

　男性形と女性形は代名詞としても形容詞としても使えます。その形は修飾する名詞によって決められます。中性形は代名詞としてのみ用いられます。

　　Estes livros são seus.　これらの本は君のです。（指示形容詞）

　　(O) meu livro é *este*.　私の本はこれです。（指示代名詞）

II 前置詞との縮合

　指示詞は、前置詞 de, em, a と組み合わさって縮合形を作ります。

de +	deste(s)	desse(s)	daquele(s)
	desta(s)	dessa(s)	daquela(s)
	disto	disso	daquilo

em +	neste(s)	nesse(s)	naquele(s)
	nesta(s)	nessa(s)	naquela(s)
	nisto	nisso	naquilo

a +			àquele(s)
			àquela(s)
			àquilo

1 este(s), esta(s), isto

este(s), esta(s), isto は空間・時間の中で話者に近いもの、話者とともにあると思われるものを表わします。

Este livro que estou a ler é muito interessante. **PT**
Esse livro que estou lendo é muito interessante. **BR**
私が読書中のこの本はとても面白い。

Isto que estou a dizer é para te avisar. **PT**
Isso que estou dizendo é para te avisar. **BR**
私が言っているこのことは君に警告するためだ。（フォーマルな書き言葉なら
ブラジルでも isto が用いられるかもしれません）

2 esse(s), essa(s), isso

esse(s), essa(s), isso は空間・時間の中で聞き手に近いもの、話者ではなく聞き手と関連があると思われるものを表わします。

Já tenho compromisso *nesse* dia.
Já tenho um compromisso *nesse* dia.
Já tenho compromissos *nesse* dia. **PT**
（君が提案する）その日はすでに約束がある。

Essa noite não saí de casa.　その晩、私は外出しなかった。（近い過去）

3 aquele(s), aquela(s), aquilo

aquele(s), aquela(s), aquilo は空間・時間の中で話者と聞き手から離れているもの、両者とは無関係と思われるものを表わします。

Aquele restaurante que fica no outro lado da rua é muito bom.
通りの反対側にあるあのレストランはとても良い。

Naquela altura, tudo era mais simples.
あの頃はすべてがより単純だったものだ。（遠い過去）

Aquilo que parecia impossível foi afinal possível.
不可能に思えたあのことは結局は可能であった。

4 中性の指示代名詞

指示代名詞 isto, isso, aquilo は「性」に関し中立であり、性・数変化はしません。「これ、このこと、この考え」など抽象的な意味を持ちます。中性指示詞を使って

質問された場合、答えの文でも、たとえ具体的に何かを答えるとしても中性指示詞が使用されます。また、しばしば不定代名詞 tudo が先行します。

> O que é *isso* aí ? – *Isto* aqui é uma lapiseira.
> それはなに？―これは筆箱だよ

> Nunca pensei *nisso*！　そんなこと思いもよらなかった！

> Tudo *isto* é fado.　これすべてがファド。

● Que coisa é esta?「何だこれは？」、Que mulher é esta?「この女性は何者か？」のように疑問形容詞の場合は名詞の性と数に一致する変化形が用いられます。

●中性形は人に対しては使えません。使われるときは侮辱的な意味が込められています。

> *Este* é um grande amigo meu.　こいつは俺の大親友だ。

> ×Isto é um grande amigo meu.

5　派生する意味

　指示詞の用法は空間・時間をどのように認知するかに依存するので、時に主観性を帯びます。例えば、aquele... は「侮辱」を意味することもあれば、「敬意」を帯びることもあります。

> *Aquilo* não presta para nada!　あんなもの何の役にも立たない！

> *Aquilo* não presta pra nada. Ele nunca quer trabalhar.
> あいつは何の役にも立たない。彼はまったく仕事しないんだ。（aquilo は人）

> Não posso ter *aquela* garra.　あんな（すごい）根性は僕には無理だ。

● este(s), esta(s), isto は「後者」を、aquele(s), aquela(s), aquilo は「前者」を意味することができます。指示詞は談話中での位置づけを行なうことも可能にするのです。

> João e Carlos são irmãos : este (= Carlos) é médico; *aquele* (= João) é advogado.
> ジョアンとカルロスは兄弟。後者は医者、前者は弁護士です。

●これから先に話題にすることについては este(s), esta(s), isto を使います。すでに言及されたものに対しては esse(s), essa(s), isso を用います。

> São *estes* assuntos que irei abordar hoje na reunião.
> 今日の会議で私が話すのはこれらのテーマだ。

> A tua visita diária dos pais, *isso* é muito bom.
> 君が毎日、両親を訪問すること、それはすごくいい。

tal(tais), semelhante も指示詞的 (este, esse, aquele) に使用することが可能です。

> Em *tais* situações [Nessas situações], é preciso tomar muito cuidado.
> そうした状況ではとても注意が必要である。

● o, a, os, as も指示詞的に用いることがあります。関係詞の先行詞となります。

> Eu não consigo imaginar o (= aquilo) que você já sofreu.
> 君が苦しんできたことを想像もできない。

> Não encontro as roupas. Onde estão *as*(=aquelas) que lavei hoje à tarde?
> 服が見つからない。午後洗った服はどこ？

● **por isso** 「というわけで」

> *Por isso* é que nunca compro carros a gasóleo **PT** [óleo diesel **BR**].
> そういうわけで、私は決してディーゼル車を買わないのだ。

● **isto é** 「すなわち」

> Não gosto do inverno, *isto é*, não gosto do frio.
> 冬は嫌い、つまり、寒いのは嫌なんだ。

● **além disso** 「さらに、その上」

> O trem é um meio transporte muito eficaz para territórios extensos. *Além disso*, é menos poluente que carros e ônibus. **BR**
> O comboio é um meio de transporte muito eficaz para territórios extensos. *Além disso*, é menos poluente que carros e autocarros. **PT**
> 電車は広大な領土には効率の良い輸送手段だ。その上、乗用車やバスよりも汚染が少ない。

● **ora essa** 「どういたしまして」：ブラジルではほとんど使用されません

> *Ora essa*, não tem nada que agradecer.
> どういたしまして、感謝する必要なんてないですよ。(口語では om'essa も)

不満、反対を意味するときにも使われます。

● **nem por isso** 「だからと言って…というわけではない」

> Eu também estava exausto, e *nem por isso* deixei de ir à [ir na **BR**] reunião.
> 私もヘトヘトだったのですが、会議に行かなかったわけではないですよ。

● **um ... destes / desses / daqueles** 「このような…は」
　Um carro *destes* ninguém quer.　こんな車、誰もほしくないよ。

● **um dia destes** 「近日中に」
　Um dia destes, vais conhecer o amor da tua vida. 🄿🅃
　近いうちに君は生涯の愛に出会うだろう。

● **numa situação daquelas** 「あのような状況では」
　Numa situação daquelas, eu nunca teria feito o que ela fez.
　あのよう状況では、僕は彼女がしたようことはしなかっただろう。

第11章 過去分詞と現在完了・過去完了（複合形と単純形）

I 過去分詞の作り方

過去分詞は受動態や複合時制で使用され、また形容詞的に使用されます。
過去分詞には規則形と不規則形があります。

1 規則形

動詞の語尾によって異なる変化をさせます。-er と -ir では同じ変化をします。修飾する名詞にあわせて性・数を一致させます。性・数の変化は形容詞の変化の原則と同じです。

-**ar** → -ado(s), -ada(s)
  abandonar 放棄する → abandonado(s), abandonada(s)
-**er** → -ido(s), ida(s)
  comer 食べる → comido(s), comida(s)
-**ir** → -ido(s), ida(s)
  distinguir 区別する → distinguido(s), distinguida(s)
●語根内の i の前に、a, o, u が来るとき、i にはアクセント記号が置かれます。

sair 出る → saído	cair 落ちる → caído
doer 痛む → doído	moer 挽く → moído
constituir 構成する → constituído	construir 建設する → construído

2 不規則形

●単一の不規則形を持つ動詞としては以下のようなものがあります。

abrir 開く → aberto	dizer 言う → dito
escrever 書く → escrito	descrever 記述する → descrito
fazer する → feito	ver 見る → visto	pôr 置く → posto
vir 来る → vindo （ジェルンディオと同じ形）

3 規則形と不規則形の使い分け

●規則形と不規則形の2つの過去分詞を有する動詞があります。原則として、規則形は ter とともに、不規則形は ser, estar, ficar, andar, ir, vir とともに用いられます。

acender 火をつける　　→ ter acendido / ser aceso
emergir 湧き出る　　　→ ter emergido / ser emerso

expressar 表現する	→ ter expressado / ser expresso
exprimir 表現する	→ ter exprimido / ser expresso
fartar あふれる	→ ter fartado / estar farto
limpar 掃除する	→ ter limpado / ficar limpo
sujar 汚す	→ ter sujado / estar sujo
encher 満たす	→ ter enchido / estar cheio
prender 捕まえる	→ ter prendido / ficar preso など

●不規則形が規則形にとってかわりつつある動詞も存在します。以下の4動詞では ter の後でも不規則形が用いられる傾向が強いです。ポルトガルでは規則形の使用はより庶民的な感じで受け止められます。

entregar 渡す	→ ter entregue (entregado) / ser entregue
ganhar 稼ぐ	→ ter ganho (ganhado) / estar ganho
gastar 消費する	→ ter gasto (gastado) / estar gasto
pagar 払う	→ ter pago (pagado) / ser pago

ブラジルでは次のような例も見られます。

Eu tinha limpo. (Eu tinha limpado.)　私は掃除しておいた。

Eu tinha impresso. (Eu tinha imprimido.)　私は印刷し終えておいた。

●以下の動詞においては ter との組み合わせで規則形が用いられる傾向がいく分か強いです。なお、aceito はポルトガルでは用いられません。

aceitar 受け入れる	→ ter aceitado (aceite, aceito) / ser aceite (aceito)
matar 殺す	→ ter matado (morto) / ser morto
salvar 救う	→ ter salvado (salvo) / estar salvo
imprimir 印刷する	→ ter imprimido (impresso) / ser impresso
cobrir 覆う	→ ter cobrido / ser coberto

●規則形が不規則形にとってかわりつつある動詞も見られます。

incluir 含む	→ ter incluído / ser incluído (incluso)
inserir 挿入する	→ ter inserido / ser inserido (inserto)
omitir 省略する	→ ter omitido / ser omitido (omisso)
romper 破れる	→ ter rompido / ser rompido (roto)

特に incluso と inserto はほとんど用いられません。omisso はしばしば法律文書などで使用されます。ポルトガルで roto は「物 + ficar / estar + roto」の構文で用いられます。ブラジルでは使用されないと言えるでしょう。

Com o peso, o saco ficou todo roto.

重さで袋はボロボロになってしまった。

●形容詞として用いられるのは不規則形です。

uma zona *liberta* de perigos　危険から解放された地区
uma vida *cheia* de felicidades　幸福にあふれた生活
uma pessoa *envolta* [*envolvida*] em conspirações
陰謀に巻き込まれた人物

Ⅱ　分詞構文での用法

　分詞構文は過去分詞（あるいは現在分詞）を用いて「理由」「原因」「結果」などを表す構文です。

Traduzido para japonês, este autor lusófono está a fazer sucesso no Japão. **PT**
Traduzido para japonês, este autor lusófono está fazendo sucesso no Japão. **BR**
日本語に翻訳され、このポルトガル語作家は日本で成功しつつある。

　traduzir para が「…に翻訳する」。過去分詞にして「翻訳され」と受身的になります。

Ⅲ　現在完了形（完了過去複合形）

　近い過去に始まり、現在まで続いている（繰り返されている）行為を表します。ultimamente, nos últimos tempos, recentemente「最近」, desde「…以来」などの表現とともに使用されることが多いです。vir / andar ＋ジェルンディオと近い意味を持ちます。作り方は、ter（まれに haver）の直説法現在＋過去分詞で、過去分詞は変化しません。

Ultimamente, *tenho andado* muito ocupado.
最近私はずっと忙しくしている。

Desde que assumi o meu novo emprego, não *tenho tido* tempo nem para respirar.
新しい職に就いてから、私は息をつく暇さえもない。

Ⅳ　過去完了形（大過去）

　過去完了（大過去）には複合形と単純形の2種類の形があります。話し言葉でも書き言葉でも複合形の方が多く用いられます。単純形は文学作品などに限られます。

1 複合形の作り方

terの直説法未完了過去形＋過去分詞（不変化）

eu tinha visto	nós tínhamos visto
tu tinhas visto	vós tínheis visto
ele tinha visto	eles tinham visto

　なお、haver の未完了過去形＋過去分詞も用いられますが、フォーマルな用法です。

2 単純形の作り方

　直説法完了過去3人称複数形と語根は同じで、語尾 –ram の代わりに、–ra, –ras, –ra, –ramos, –reis, –ram を付します。

　アクセントの位置に気をつけてください。

　書き言葉でもフォーマルですし、話し言葉ではすでに使用されないと思ってもよいでしょう。

falar

eu fala**ra**	nós falá**ramos**
tu fala**ras**	vós falá**reis**
ele fala**ra**	eles fala**ram**

ser

eu fo**ra**	nós fô**ramos**
tu fo**ras**	vós fô**reis**
ele fo**ra**	eles fo**ram**

3 過去完了の用法

　過去において起こった出来事よりさらに過去に生じた出来事を示します。

　Quando entrei na sala de aula, o professor já *tinha começado* a falar.
　私が教室に入ったとき、先生はすでに話し始めていた。

　Fiz uma coisa que nunca *tinha feito* antes na vida!
　人生で一度もしたことのなかったことをした。

4 過去完了形を用いた慣用表現

● Pudera! 「まったく、もちろん」
　ブラジルではきわめて稀ですが、使用は可能です。

Chegaste tarde?! *Pudera, nunca usas relógio!* **PT**
お前、遅刻したのか。まったく、時計を使わないからな。

● quem me dera ＋不定詞 / que ＋接続法 「できるものなら…」、「ぜひとも…
でありたい」（目的格代名詞は変化する）

Quem (me) dera que amanhã faça sol!
Quem (me) dera (a mim) que amanhã faça sol! **PT**
明日は晴れてほしいものだ

● tomara que... 「できるものなら…」（quem me dera と同じ意味）
Tomara que chova amanhã.　明日雨が降りますように。

第12章 直説法完了過去単純形

I 活用

1 規則変化

完了過去単純形の規則変化では、不定詞語尾 –ar, –er, ir がそれぞれ次のように変化します。この時制を「過去」とのみ呼ぶ文法書もあります。

–ar動詞

–ei	–ámos **PT** / –amos **BR**
–aste	–astes
–ou	–aram

falar

eu fal**ei**	nós fal**ámos** **PT** / nós fal**amos** **BR**
tu fal**aste**	vós fal**astes**
ele fal**ou**	eles fal**aram**

–er動詞

–i	–emos
–este	–estes
–eu	–eram

beber

eu beb**i**	nós beb**emos**
tu beb**este**	vós beb**estes**
ele beb**eu**	eles beb**eram**

–ir動詞

–i	–imos
–iste	–istes
–iu	–iram

partir

eu part**i**	nós part**imos**
tu part**iste**	vós part**istes**
ele part**iu**	eles part**iram**

2人称単数が –s で終わっていない点も気をつけましょう。他の活用からの類推で tu に対し –s を結びつけてしまいがちです。

● –çar, –car, –gar で終わる動詞は、発音を正しく表記に反映させるため、1人称単数の場合、つづり字が変更されます。

começar　始める → eu comecei　　　　tocar　触れる → eu toquei
carregar　荷を積む → carreguei

2 きわめて不規則な変化をする動詞

ser / ir

eu **fui**	nós **fomos**
tu **foste**	vós **fostes**
ele **foi**	eles **foram**

この２つの動詞は完了過去の活用形を共有します。

ver

eu **vi**	nós **vimos**
tu **viste**	vós **vistes**
ele **viu**	eles **viram**

vir

eu **vim**	nós **viemos**
tu **vieste**	vós **viestes**
ele **veio**	eles **vieram**

ver と vir は混同しやすいので要注意です。

dar

eu **dei**	nós **demos**
tu **deste**	vós **destes**
ele **deu**	eles **deram**

3 不規則変化動詞

語根が不定詞と異なります。

caber

eu **coube**	nós **coubemos**
tu **coubeste**	vós **coubestes**
ele **coube**	eles **couberam**

haver

eu **houve**	nós **houvemos**
tu **houveste**	vós **houvestes**
ele **houve**	eles **houveram**

saber

eu **soube**	nós **soubemos**
tu **soubeste**	vós **soubestes**
ele **soube**	eles **souberam**

trazer

eu **trouxe**	nós **trouxemos**
tu **trouxeste**	vós **trouxestes**
ele **trouxe**	eles **trouxeram**

dizer

eu **disse**	nós **dissemos**
tu **disseste**	vós **dissestes**
ele **disse**	eles **disseram**

haver は実際は3人称単数形のみが使用されるといってもよいでしょう。

Houve uma tentativa de golpe de Estado no Brasil.
ブラジルでクーデタ未遂があった。

4　3人称単数形の母音に注意が必要な動詞

estar

eu **estive**	nós **estivemos**
tu **estiveste**	vós **estivestes**
ele **esteve**	eles **estiveram**

fazer

eu **fiz**	nós **fizemos**
tu **fizeste**	vós **fizestes**
ele **fez**	eles **fizeram**

poder

eu **pude**	nós **pudemos**
tu **pudeste**	vós **pudestes**
ele **pôde**	eles **puderam**

pôr

eu **pus**	nós **pusemos**
tu **puseste**	vós **pusestes**
ele **pôs**	eles **puseram**

ter

eu **tive**	nós **tivemos**
tu **tiveste**	vós **tivestes**
ele **teve**	eles **tiveram**

　完了過去単純形は非常によく使用される時制です。過去において完了した行為や状態を表わします。その始まりと終わり、すなわち時間の区切りが明確に意識されている点で、次章で見る「未完了過去」と異なります。

　　Ontem vocês *trabalharam* muito.　昨日、君たちはよく働いた。

●行為や状態が続いた時間の長さが重要な要素ではありません。また、行為や状態は一度だけであるとも限りません。

　　Fomos ao cimena anteontem.　僕たちはおととい映画に行った。

　　O Marquês de Pombal *governou* Portugal durante 27 anos.
　　ポンバル侯爵は 27 年間ポルトガルを統治した。

　　Eu *visitei* a Ilha da Madeira uma vez, mas o (meu) pai *visitou* três vezes.
　　私はマデイラ島を 1 度訪問したが、父は 3 度訪問した。

●完了過去は次の副詞（句）とともに用いられることがよくあります。

　já, ainda não, na semana passada / no mês passado / no ano passado

　　Você já *esteve* no Japão? – Não, ainda não *estive* lá.
　　もう日本へ行きましたか。―いいえ、まだ行っていません。

　この会話は動詞 ir を用いて、次のように言うことも可能です。

　　Você já *foi* ao Japão? — Não, ainda não *fui* lá. **PT**
　　Você já *foi* no Japão? — Não, ainda não *fui* lá. **BR**

　参考までにブラジルの一般的な口語表現で、Você já foi pro Japão? — Não, nunca fui pra lá. となります。

　　Já *comeste*? — Ainda não *comi*.　もう食べた？―まだ食べてない。

　　Deixei de fumar na semana passada.　私は先週禁煙した。

●未来に関する文脈の中で用いられることもあります。

　　Quando o meu irmão chegar a casa do trabalho, eu já *acabei* a limpeza do quarto.

　　Quando o meu irmão chegar a casa do trabalho, eu já terei acabado a limpeza do quarto.（複合未来）
　　兄が仕事から帰宅するときには、私はすでに部屋の掃除を終えている。

　chegar は接続法未来形です。最初の文の方がより口語的ですが、この 2 文は同じ意味と言ってよいでしょう。

　ポルトガルでは、最初の文を以下のように言うこともできます。

　　Quando o meu irmão chegar a casa do trabalho, eu tenho a limpeza do quarto acabada. **PT**（現在完了）

ただしブラジルの口語では、次のようにすることも可能です。

Quando meu irmão chegar em casa do trabalho, eu jã *acabei* a limpeza do quarto. BR

Quando meu irmão chegar em casa do trabalho, eu jã vou ter acabado a limpeza do quarto. BR

従属節を変えて、Até meu irmão chegar em casa do trabalho, eu jã acabei a limpeza do quarto. BR とすることもあり得ます。

ポルトガルでは上記ブラジルの最初の例文を以下のように言えます。

Quando o meu irmão chegar a casa do trabalho, eu jã vou ter a limpeza do quarto acabada. PT

Até o meu irmão chegar a casa do trabalho, eu acabo a limpeza do quarto. PT

2つ目の文は acabar が現在時制の点が要注意です。

●過去に起こった一連の出来事を順番に示すことができます。

O professor *entrou* na sala, *cumprimentou* os alunos, *abriu* o texto e *começou* a aula.

先生は教室に入り、生徒たちに挨拶をし、教科書を開き、授業を開始した。

第13章

直説法未完了過去

I 活用

●規則形の作り方
動詞の語根に以下のような語尾を付して形成します。

-ar動詞

eu	-ava	nós	-ávamos
tu	-avas	vós	-áveis
ele	-ava	eles	-avam

falar

eu falava	nós falávamos
tu falavas	vós faláveis
ele falava	eles falavam

-er動詞

eu	-ia	nós	-íamos
tu	-ias	vós	-íeis
ele	-ia	eles	-iam

comer

eu comia	nós comíamos
tu comias	vós comíeis
ele comia	eles comiam

-ir動詞

eu	-ia	nós	-íamos
tu	-ias	vós	-íeis
ele	-ia	eles	-iam

assistir

eu assistia	nós assistíamos
tu assistias	vós assistíeis
ele assistia	eles assistiam

●不規則形
不規則形は以下の4動詞とその派生語のみです。

ser

eu era	nós éramos
tu eras	vós éreis
ele era	eles eram

ter

eu tinha	nós tínhamos
tu tinhas	vós tínheis
ele tinha	eles tinham

vir

eu vinha	nós vínhamos
tu vinhas	vós vínheis
ele vinha	eles vinham

pôr

eu punha	nós púnhamos
tu punhas	vós púnheis
ele punha	eles punham

　行為や状態の始まりや終わりには言及せず、それが過去において継続的・反復
的であることを表わします。

> O Ricardo *telefonava* para a namorada quando o pai voltou de trabalho.
> 父親が仕事から戻ったとき、リカルドは恋人に電話していた。

> A Gabriela *passeava* pelas ruas da cidade todas as manhãs.
> ガブリエラは毎朝、町の通りを散策したものだった。

●過去の描写

> Antigamente [Antes / No passado] eu *era* magro, mas agora sou gordo.
> かつて私はやせていたが、今は太っている。

> Quando eu *era* criança, não *havia* Internet.
> 私が子どものころは、インターネットなんてなかった。

> Jackson *era* carpinteiro.　　ジャクソンは大工だった。

●過去における時刻・年齢

> *Eram* cinco horas da manhã quando o incêncio deflagrou.
> 火災が発生したとき、朝の 5 時でした。

> Quando *tinha* 20 anos, eu comecei a beber.
> 20 歳のとき、私はお酒を飲み始めた。

●計画されながらも、実現しなかった行為を表します。

> Eu *ia* para a reunião, mas ela foi adiada para outro dia.
> 会議に行こうとしたが、別の日に延期された。

　この場合、会議の場所には行っていません。

●過去において同時に起こっていた行為

> Enquanto eu *estudava*, o Jaime *jogava* basquetebol.
> 私が勉強していた間、ジャイメはバスケットをプレーしていた。

●丁寧さを表すため。ブラジルよりポルトガルでより多く見られます。

> *Queria* um café, por favor.　　コーヒーを一杯ください。

> *Podia* trazer-me um jornal? **PT** / Você *podia* me trazer um jornal? **BR**
> 新聞を持ってきてくださいますか。

> Eu *vinha* falar com o diretor de escola....
> 校長先生とお話しに来たのですが。

Ⅲ　完了過去と未完了過去の違い

　完了過去と未完了過去の違いは、主語、動詞、述語の性質によって解釈が変わりうるので簡潔な説明は難しいですが、例文から一定の目安を立てておきます。

1　継続的・反復的か、瞬間的な行為か

　① Eu *gostava* muito de futebol quando era criança.
　子どものころ、私はサッカーが大好きだった。

　② *Gostei* muito de te ver ontem.　昨日、君に会えてよかったよ。

　①の文は子どものころ「ずっと好きだった」と言っていますが、②の文は「よかった＝気に入った」という瞬間の行為を述べています。

　③ Eu *tinha* muitos ataques de asma quando adolescente.
　若かったころ、私はよく喘息の発作を起こしたものだった。

　④ Ontem eu *tive* um ataque de asma.
　昨日、私は喘息の発作を起こした。

　③は若いころ喘息の発作を繰り返したことがわかりますが、④の完了過去の方は昨日発作を起こしたという、ある瞬間での出来事を伝えます。

　⑤ (O) Jackson *era* carpinteiro.　ジャクソンはしばし大工をしていた。

　⑥ (O) Jackson *foi* carpinteiro.　ジャクソンは大工だった時期がある。

　⑤が含意するのは、ジャクソンがある一定期間、大工であったという事実です。⑥の場合は、ジャクソンがかつて大工であったという事実のみを伝えています。

　⑦ Ontem ele *estava* doente.　昨日（も）、彼は体調が悪かった。

　⑧ Ontem ele *esteve* doente.　昨日、彼は体調が悪かった。

　⑧では彼が病気だったのは昨日だけと思われ、⑦の場合はその前もその後（今日）も病気の可能性があります。

2　行為の達成／未達成のちがい

　未完了過去で表された行為は、実際にその行為が達成されたのかどうかは不確定です。

　⑨ Eu *ia* para a reunião, mas ela foi adiada para outro dia.
　会議に行こうとしたが、別の日に延期された。

　⑩ Eu *fui* para a reunião, mas ela foi adiada para outro dia.
　会議に行ったが、他の日に延期されてしまった。

　⑨の未完了過去では会議の場所には行っていません。⑩の完了過去形を用いると、実際に会議の場所には行ったものの、会議は開催されなかったという意味合いを持ちます。

⑪ Ele *pôde* chegar.　彼は到着できた。

⑫ Ele *podia* chegar.　彼は到着することはできた（かもしれない）。

⑬ Eu *quis* passar no exame.　私は試験に合格しようと望んだのだが。

⑭ Eu *queria* passar no exame.　私は試験に合格しようと望んだ。

　⑪では実際に彼は到着しましたが、⑫では到着したか否かわかりません。⑬は望んだだけで試験は不合格でした。⑭は達成したかはわからず、合格した可能性があります。

●否定文でも同様の違いが見られます。

　　Ele não *podia* chegar.　彼は着けなかった（ように思われる）。

　　Ele não *pôde* chegar.　彼は着けなかった。

　最初の未完了過去の方は最初は着けないと思われたけれど、最後は着いたかもしれません。完了過去の方は最後は着けませんでした。

3　過去進行形での違い

　　Eu *estava* trabalhando quando ele chegou. **BR**

　　Eu *estava* a trabalhar quando ele chegou. **PT**

　　彼が着いたとき、私は働いていた。

　未完了過去の場合、「彼の到着」という瞬間的な行為によって、継続していた「私の仕事」が中断されたということを含意します。完了過去の場合、「仕事」が継続されていたことが強調されます。

　　Eu *estive* trabalhando **BR** [a trabalhar **PT**] muito nessa questão. Posso fazer uma apresentação sobre isso amanhã.

　　私はその問題について本気で取り組んでいた。明日それについてプレゼンすることができる。

　こんな違いも考えられます。

　　O Benfica *estava* a perder. **PT**

　　O Benfica *esteve* a perder. **PT**　ベンフィカは負けていた。

　未完了過去の方は、話者（書き手）は勝負の結果を知りません。一方で、完了過去の方は、試合結果は敗戦ではなく、勝利あるいは引き分けです。完了過去の場合は継続されていた行為（敗戦）が完了していること、すなわち別の結果に終わったことを意味するのです。

I　活用

　活用の仕方は簡単です。不定詞に、規則動詞であれ不規則動詞であれ、haver の直説法現在形の活用形を語尾として付せばよいのです。

不定詞 + haver 直説法現在形
（発音されないhは表記されません）

-ei	-emos
-ás	-eis
-á	-ão

amar

eu amar**ei**	nós amar**emos**
tu amar**ás**	vós amar**eis**
ele amar**á**	eles amar**ão**

●例外としては、dizer, fazer, trazer とそれぞれの派生語の場合、-ze- を失います。

eu direi, tu dirás...

eu satisfarei, tu satisfarás...

eu trarei, tu trarás...

● pôr の未来形では ^ は付されません。

eu porei...

II　用法

1　未来

　現在未来形はその名の通り現在から見た未来を表わします。これは時制としての用法です。

　　Sairei do emprego em breve.　私は間もなく職場から出るだろう。

　ただし現在ではポルトガルでもブラジルでも未来の意味は ir の現在形＋不定詞で表わされることが多くなっています。

　　(Eu) *Vou falar* logo com você.　すぐに君と話すだろう。

●決意や命令を表わすこともできますが、日常会話のレベルではこれらの意味での未来形の使用は減少傾向にあります。

　　Nunca mais *cometerei* os mesmos erros.　私は同じミスは二度と犯すまい。

　　Você nunca *fumará*.　君はけっしてタバコを吸ってはならない。

　　Não *matarás*.　殺すことなかれ。

2 起こりうること、可能なこと

se＋接続法未来の条件節を伴う帰結の文で用いられ、起こりうること、可能なことを表わします。

Se estiver bom tempo, *sairemos* [saímos] . **PT**

Se o tempo estiver bom, a gente *sairá* [a gente sai / vai sair] . **BR**
もし好天気ならば、我々は外出するだろう。

この文を発した瞬間は、好天候なのか悪天候なのかわかりません。

3 推量、疑問、蓋然性

未来のことは確かではないということから、現在・未来を問わず、「推量」「疑問」「蓋然性」の意味でよく用いられます。イントネーションが重要です。これは未来形を「法」として用いていることになるでしょう。

Será a Mariana?　（電話が鳴って）マリアナかな？

Estou a ouvir **PT** [ouvindo **BR**] a televisão. *Estará* alguém na sala de estar? **PT**
テレビの音声が聞こえる。居間に誰かいるのかな？

ブラジルでは「Ⅲ　未来形と似た用法をもつ表現」で見る será que を使い、Será que tem alguém na sala? とする方が自然でしょう。

O professor *estará* na escola.　先生は学校にいるだろう。

O professor *estará* na escola? **PT**　先生は学校にいるのかな。

ブラジルでは「Ⅲ　未来形と似た用法をもつ表現」で見る será que を使い、Será que o professor está na escola? とする方が自然でしょう。

Ⅲ　未来形と似た用法をもつ表現

● haver（直説法現在）＋de＋不定詞という形式もありますが、これは未来における「蓋然性」あるいは「願望」を表わすと言えるでしょう。また、ブラジルでは文学的な響きにも感じられます。

Tu *hás* de conseguir.　君はやり遂げるだろう。

● será que という形式も「推量」「疑問」「蓋然性」の意味を表わします。その後には直説法現在、現在完了、未完了過去、完了過去、過去完了という時制が用いられます。

Será que o professor *está* na escola?　先生は学校にいるのかな？

Será que o professor *tem estado* na escola?
先生はずっと学校にいるのかな？

Será que o professor *estava* na escola?　先生は学校にいたのかな？

Será que o professor *esteve* na escola?　先生は学校に来たのかな？

Será que o professor *tinha estado* na escola?

先生は学校に（その前に）いたのかな？

Eu preciso encontrar o professor. *Será que* ele *vai* estar na escola, ou hoje é dia de folga dele?

先生に会わないと。先生は学校に（この先）いるのかな？　それとも今日は先生の休暇なのかな。

● estar を未来形にすることで、未来進行形を作ることができます。

Daqui a 40 anos, a Grécia ainda *estará* a pagar os empréstimos da *Troika*. **PT**

Em 40 anos, a Grécia ainda *estará* pagando os empréstimos da *Troika*.

BR

40 年後ギリシアはまだトロイカの借金を返済していることだろう。

　上の文は 2015 年 7 月 5 日付『プブリコ』紙から取った見出しですが、下の文はそれをブラジル的に直したものです。口語的にはどちらも vai estar... がよいでしょう。

第15章 過去未来形／条件法

同じ形式ですが、ブラジルでは過去未来形、ポルトガルでは条件法と呼ぶのが一般的です。

過去未来形は書き言葉ではポルトガルでもブラジルでも使われます。話し言葉ではブラジルでは日常的に用いられますが、ポルトガルでは消えつつあります。ポルトガルの話し言葉では、代わりに直説法未完了過去が用いられます。

I 活用

活用は不定詞＋haver の未完了過去形（h は取る）の語尾の形です。つまり語尾は –ia, –ias, –ia, –íamos, –íeis, –iam です。アクセントは常に –i の上に置かれますが、1 人称複数および 2 人称複数では i にアクセント記号 ´ が必要になります。

不定詞＋**haver**未完了過去の語尾

–ia	–íamos
–ias	–íeis
–ia	–iam

falar

eu falar**ia**	nós falar**íamos**
tu falar**ias**	vós falar**íeis**
ele falar**ia**	eles falar**iam**

comer

eu comer**ia**	nós comer**íamos**
tu comer**ias**	vós comer**íeis**
ele comer**ia**	eles comer**iam**

abrir

eu abrir**ia**	nós abrir**íamos**
tu abrir**ias**	vós abrir**íeis**
ele abrir**ia**	eles abrir**iam**

●現在未来と同様、dizer, fazer, trazer とその派生動詞は –ze– を失います。

eu diria   tu farias   nós satisfaríamos   eles trariam

II 用法

1 過去から見た未来

過去未来は過去から見た未来を表します。英語の would / should に相当します。ただしポルトガルの話し言葉では未完了過去を用いることが多いでしょう。

Eu pensei que *poderia* terminar o trabalho antes do prazo.
Eu pensei que podia terminar o trabalho antes do prazo. **PT**
私は期限前に仕事を終えられると思った。

もし主節の動詞が penso と現在形なら poderei と現在未来になります。

2　間接話法での時制の一致

　直接話法で現在未来を用いた過去の文を間接話法にするとき、時制の一致で現在未来を過去未来にします。

　　Ele disse: "Logo partirei."　「すぐに出発するだろう」と彼は言った。
　　Ele disse que *partiria* logo.　すぐに出発すると彼は言った。

3　願望、要望

　「願望」や「要望」をやんわりと表現します。その際 gostar を用いることが多いです（参考：英 would like）。ただし、querer の場合は過去未来ではなく、未完了過去のみを用います。

　　Gostaria de falar com o senhor Santos. = *Queria* falar com o senhor
　　Santos. **PT**　サントス氏とお話がしたいのですが。
　　Gostaria de falar com o Sr. Gabriel. **BR**
　　ガブリエルさんとお話がしたいのですが。(**BR** ではファーストネームを用いる)

4　敬意

　1人称以外の人称では「敬意」を表します。

　　O senhor *gostaria* de tomar banho?
　　あなたはお風呂に入りたいのでしょうか。

　このとき、queria を用いた文では、ポルトガルでもブラジルでも敬意ではなく時制の理解を生みます。

　　O senhor *queria* tomar banho?　あなたはお風呂に入りたかったのですか。

　ポルトガルでは gostaria の代わりに未完了過去の gostava がよく用いられます。ブラジルではその頻度は劣ります。

5　起こりそうもないこと、不可能なこと

　se＋接続法未完了過去の条件節を伴う帰結の文で用いられ、起こりそうもないこと、不可能なことを表わします。この場合でも、ポルトガルでは未完了過去形になることが多く、口語的にはブラジルでも過去未来より未完了過去が使われる傾向があります。

　　Se eu pudesse, eu viajava **PT** [*viajaria* **BR**] pelo mundo todo [inteiro].
　　もしできるなら、私は世界中を旅するのだが。

Partiria BR [*Partia* PT] logo se eu pudesse.

できるならすぐに出発するのだが。（含意としては「実際はできない」）

Se estivéssemos na época de saldos, comprávamos muitas coisas. PT

在庫一掃のシーズンなら、（私たちは）もっとたくさん買い物するのにね。

6 蓋然性、疑い、推量

過去に関する「蓋然性」「疑い」「推量」を意味します。ブラジルではあまり見られない用法です。

A professora *estaria* na escola?　先生は学校にいたのだろうか。

A professora *estaria* na escola.　先生は学校にいたのだろう。

文脈次第では「現在」に言及することも可能です。

Não sei onde ela está. Ela *estaria* na escola?

彼女がどこにいるのかわからない。学校にいるのだろうか。

●上記のペアの文で、será que を用いることは可能ですが、estar は未完了過去形に変えましょう。

Será que a professora *estava* na escola?　先生は学校にいたのだろうか？

A professora estava na escola? は単に「先生は学校にいたのですか」と質問するだけです。

ただし、seria que を用いることについては疑問が残り、非文法的と見なされるかもしれません。

Seria que a professora estava na escola?

Seria que a professora estava na escola.　先生は学校にいるかもしれない。

なお、Seria que a professora estaria na escola?　Seria que a professora estaria na escola. Será que a professora estaria na escola? は非文法的な文となります。

第16章 比較級と最上級

I 同等比較級

　形容詞および副詞とともに用いられる場合は、tão... como / quanto によって表わされます。como と quanto は交換可能ですが、ブラジルでは quanto が、ポルトガルでは como がより好んで用いられます。

A Joana é *tão simpática como* a Ana. **PT**
ジョアナはアナと同じくらい感じがよい。

O Pedro fala *tão depressa quanto* o Carlos. **BR**
ペドロはカルロスと同じくらい早口だ。

Ele bebe *tão pouco como* o irmão dele. **PT**
Ele bebe *tão pouco quanto* o irmão dele. **BR**
彼は兄と同じくらい少ししか飲まない。

●名詞とともに使われるときは、tanto(s) / tanta(s)... como / quanto を用います。tanto は形容詞なので修飾する名詞の性と数に一致します。

Você comprou *tantos legumes como* eu.
君は僕と同じくらいの野菜を買った。

Nós comemos *tantas laranjas quanto* vocês.
私たちは君たちと同じくらいオレンジを食べる。

●動詞とともに使うときは tanto como, tanto quanto となります。

Ele come *tanto como* eu.　彼は私と同じくらい食べる。
×Ele comeu tão muito como eu.
Você não estuda *tanto quanto* deve. **BR**
Você não estuda *tanto quanto* deve. **PT**
君はやるべきほどは勉強しない。

II 優等比較級

● mais＋ 形容詞／名詞／副詞 ＋(do) que... を用います。mais は性・数変化しません。

A Joana é *mais simpática (do) que* a Luísa.
ジョアナはルイーザより感じがよい。

Você comprou *mais legumes (do) que* eu.
君は僕よりも多く野菜を買った。

Ele fala francês *mais fluentemente* (*do*) *que* tu.
彼は君よりもフランス語を流ちょうに話す。

●動詞の場合は、動詞 +mais do que という語順になります。

Ele trabalha *mais* (*do*) *que* você.　彼は君よりも働く。

　名詞、代名詞、形容詞が比較される文では do que の do は省略可能ですが、動詞の比較の場合、省略されることはあまりありません。

III　劣等比較級

● menos+ 形容詞／名詞／副詞 +(do) que で表わします。menos は性・数変化しません。

Ele é *menos simpático* (*do*) *que* o irmão.　彼は弟ほど感じよくはない。

Eu tenho bastante *menos canetas* (*do*) *que* o meu irmão.
私は兄弟よりかなりペンの数が少ない。

A atleta que ficou em segundo lugar fez o percurso *menos rapidamente* (*do*) *que* a vencedora.
２位に入った女性選手は、勝者より遅く走り切った。

●動詞の場合、動詞 +menos do que という語順になります。

Ele correu *menos rápido* (*do*) *que* o esperado.
彼は期待されたほど速くは走れなかった。

Ele costuma comer *menos* (*do*) *que* deveria.
彼は本来あるべきよりいつも食べる量が少ない。

IV　de の役割

　数字に先行する場合は mais de..., menos de... となります。

Ele corre *mais de* dez quilómetros por dia. PT
Ele corre *mais de* dez quilômetros por dia. BR
彼は１日に 10 キロ以上走る。

Ainda tenho *menos de* vinte anos.　私はまだ 20 歳にならない。

● mais と menos に前置詞 de が先行すると強調の意味を持ちます。

comprido demais BR / comprido de mais PT　長すぎる
comprido de menos　短すぎる

V　不規則形

●形容詞の bom, mau, grande, pequeno、副詞の bem, mal はラテン語源の形を維持し、不規則形になります。なお、この -or で終わる語は性変化しませんが、

形容詞としては単複の区別があります。副詞には数の区別がありません。

bom / boa → melhor   bons / boas → melhores
mau / má → pior   maus / más → piores
grande(s) → maior(es)   pequeno(s) / pequena(s) → menor(es)
bem → melhor   mal → pior

ポルトガルでは menor / menores より mais pequeno(s) / mais pequena(s) が使われます。

O Roberto é um bom professor, mas o irmão dele é *melhor* ainda.
ロベルトはよい先生だが、彼の兄（弟）はさらによい。

Os índices de poluição estão *piores* aqui (*do*) *que* na capital.
汚染の指数は首都よりここの方がひどい。

Minas Gerais é *maior* (*do*) *que* São Paulo.
ミナスジェライスはサンパウロよりも大きい。

(O) Meu irmão mais velho é *menor* (*do*) *que* eu. BR
O meu irmão mais velho é *mais pequeno* (*do*) *que* eu. PT
兄は私より小柄だ。

Eu me saí na prova *melhor* (*do*) *que* eu esperava. BR
Eu saí-me na prova *melhor* (*do*) *que* esperava [estava à espera]. PT
私は思っていたより試験でいい成績が取れた。

● superior「より上にある」、inferior「より下にある」は前置詞 a が続きます。

Este livro tem uma qualidade *superior* àquele.
この本はあの本より質が上だ。

O valor da conta foi *inferior* a R$50,00.　会計額は 50 レアルを下回った。

O défice PT [deficit BR] do ano passado foi *inferior* às estimativas.
昨年の赤字は見込みより少なかった。

VI　比較を意味する表現

（　）内の tanto はあまり用いられません。

● **que nem...「…より」（優等比較級）**
動詞の後に置かれ、そして名詞が後続します。

Embora ela tenha apenas 10 anos, fala *que nem* um adulto.
彼女はまだ 10 歳なのに、大人より能弁である。

Ele conduz *que nem* um louco.　彼の運転はクレージーなんてものではない。

● **Quanto mais... (tanto) mais...「…すればするほど…する」**
Quanto mais eu estudo, *mais* eu sei.　勉強すればするほど、知識は増える。

● **Quanto menos... (tanto) menos...**「（より少なく）…すればするほど（より少なく）…する」

> *Quanto menos eu trabalho, menos eu quero trabalhar.*
> 仕事を減らすにつれて、私の仕事の意欲は低下する。

● **Quanto mais... (tanto) menos...**「…すればするほど（より少なく）…する」

> *Quanto mais eu esqueço, menos eu sei.*
> 忘れれば忘れるほど、知識は減る。

● **Cada vez mais / Cada vez menos**「次第に多く／次第に少なく」

> *Cada vez mais*, as mulheres estão tendo consciência sobre seus direitos. BR
> *Cada vez mais*, as mulheres estão a ter consciência sobre os seus direitos. PT
> 女性たちは自らの権利に次第に気づきつつある。

> *Cada vez menos eu gosto de madrugar.* BR
> だんだんと早起きするのが嫌になる。

● **tanto menos que**「そういうわけで」（否定の文脈で）

極めてまれにしか用いられません。

> Ele comeu muito menos do que eu, *tanto menos que* até parece que não comeu nada!
> 彼は私よりかなり食べなかった。そういうわけで何も食べなかったかのように見えた。

Ⅶ　相対最上級

最上級には相対最上級と絶対最上級があります。

1　形容詞の最上級

　相対最上級は定冠詞＋優等比較級／劣等比較級によってつくられます。最上級の要素が属する範疇を表すには **de** が用いられます。

優等最上級

> A Paula é a *mais linda da* turma.　パウラはクラス一の美人だ。
> O *maior país do* mundo é a Rússia.　世界最大の国はロシアだ。
> Naquele restaurante, come-se o *melhor arroz de marisco de* Lisboa.
> あのレストランのアロス・デ・マリスコ（シーフード・ライス）はリスボンで一番だ。

O transporte rodoviário é o *mais utilizado* no Brasil.
バス輸送はブラジルで最も利用される。

劣等最上級

Ele é o *menos indicado* para assumir o cargo, depois de todos os erros
que cometeu.
彼が犯したありとあらゆるミスを見れば、彼はその役職には最も不向きである。

最小はポルトガルとブラジルで言い方が異なります。

Acho que o *país mais pequeno* do mundo é o Vaticano. **PT**
Acho que o *menor país* do mundo é o Vaticano. **BR**
世界最小の国はバチカンだと思うよ。

● **um dos melhores / uma das melhores 「最も…な一人」**

Arthur Moreira Lima é *um dos melhores* pianistas brasileiros.
アルトゥール・モレイラ・リマはブラジル最高のピアニストの一人である。

2 副詞の最上級

副詞の最上級は冠詞は付されません。

O Pedro é quem trabalha *mais* na empresa.　ペドロは会社で最もよく働く。

下の文では o funcionário に付された定冠詞が副詞が最上級であることを示します。

O Pedro é o funcionário da empresa que *mais* trabalha.
ペドロは会社で最も勤勉な社員だ。

●最上級の後に関係詞節が続くとき、現在あるいは過去の場合は直説法が用いられます。

A Isabel é a mulher *mais* bela que *conheço*.
私が知る中ではイザベルは一番の美人である。

É a obra *mais* conhecida que ele *fez*.
彼が作った中では最も有名な作品である。

Ⅷ　絶対最上級

絶対最上級は「クラスで最も」など比較する範囲の表現を共起しません。分析的な形と総合的な形があります。

●分析的な形：muito + 形容詞

muito の代わりに extraordinariamente「並はずれて」などを使うことも可能です。

Ele é *muito* alto.　彼はとても背が高い。

Ele é *extraordinariamente* inteligente.　彼は並外れて頭がよい。

●総合的な形：形容詞に -íssimo を付します。

alto 高い → altíssimo　　　　　　　alegre 陽気な → alegríssimo
rico 裕福な → riquíssimo　　　　　　largo 広い → larguíssimo
irregular 不規則な → irregularíssimo　azul 青い → azulíssimo
vão / vã 空しい → vaníssimo　　　　comum 共通の → comuníssimo
feliz 幸福な → felicíssimo

　　O João é *riquíssimo*!　　ジョアンはすごく金持ちだ！

●以下のラテン語源を反映した形は文語など使用場面が限られます。

amável 愛すべき → amabilíssimo　　amigo 友好的な → amicíssimo
inimigo 敵国 → inimicíssimo　　　　geral 一般的な → generalíssimo
antigo 古い → antiquíssimo　　　　cruel 残酷な → crudelíssimo
doce 甘い → dulcíssimo　　　　　　fiel 忠実な → fidelíssimo
frio 寒い → frigisíssimo　　　　　　nobre 高貴な → nobilíssimo
pessoal 個人的な → personalíssimo　provável ありうる → probabilíssimo
livre → libérrimo（ほとんど使用されません）　pobre 貧しい → paupérrimo
chato うざい → chatérrimo　　　　elegante 優雅な → elegantérrimo
fácil 容易な → facílimo　　　　　　difícil 困難な → dificílimo

●次の不規則な絶対最上級形は頻繁に用いられます。

bom 良い → ótimo 最高　　　　　　mau 悪い → péssimo 最悪
grande 大きい → máximo 最大　　　pequeno 小さい → mínimo 最小
inferior 劣る → ínfimo 最悪　　　　superior 上等の → supremo 至高の

第17章 受動態

　主語＋動詞＋目的語という語順を持つ文において、動詞は能動態を取ります。そのとき、主語は動詞の「行為者」という役割を持ちます。動詞が意味する内容が主語によって実現されるのです。

　一方で、文の実質的な意味を変えずに、語順を変えることもできます。文を発する人の視点が移り、強調される部分は変わりますが、同じ事態を表現します。文の主語が「行為者」にはならず、逆に動詞が意味する行為の影響を受けるとき、動詞は受動態の形、ser ＋過去分詞を取ります（「過去分詞」に関しては「第11章　過去分詞と現在完了・過去完了（複合形と単純形）」を参照）。

I　受動態の形

ser ＋過去分詞＋ por [de] となります。

たとえば、elogiar「ほめる」の直説法現在の受動態は次のようになります。

eu sou elogiado / elogiada	nós somos elogiados / elogiadas
tu és elogiado / elogiada	vós sois elogiados / elogiadas
ele é elogiado	eles são elogiados
ela é elogiada	elas são elogiadas

受動態において過去分詞は形容詞として用いられますので、主語の性と数に一致しなければなりません。

　英語の受動態で「to be ＋過去分詞＋ by ＋行為者」の構文がありますが、ポルトガル語でも、もし行為者が具体的に表現される際は、英語の by に相当する前置詞 por（ときに de）によって記されます。このタイプの受動態の形式は「真の」受動態とも呼ばれますが、英語の to be ＋過去分詞＋ by よりも使用される場合が少ないと言えます。

　O quarto do meu irmão é limpo uma vez por semana por ele.

　私の兄弟の部屋は週に一度彼自身によって掃除される。

　能動態：(O) Meu irmão limpa o quarto dele uma vez por semana.

　Estas rosas tinham sido compradas pela Paula.

　これらのバラはパウラによって購入されていた。

　能動態：A Paula tinha comprado estas rosas.

　この過去完了形で、主語の性数に一致するのは compradas であって、sido でないことに注意してください。

II 目的語が２つある文の受動態化

受動態の主語になるのは、能動態で直接目的になる語だけです。

    能動態：A Maria ofereceu-nos um ramo de flores. **PT**

            A Maria nos ofereceu um ramo de flores. **BR**

            マリアはわれわれに花束を贈ってくれた。

能動態であるこの文を受動態化すると、

    Um ramo de flores *foi-nos oferecido pela* Maria. **PT**

    Um ramo de flores nos *foi oferecido pela* Maria. **BR**

    花束がマリアによってわれわれに贈られた。

間接目的語を主語とする次の文は非文法的になります。

    ×Nós fomos oferecidos um ramo de flores pela Maria.

III 主語が不特定の場合

能動態の文で主語が不特定の場合、受動態の文で行為者は示されません。行為者が未知の場合、あるいは行為者を明示したくない場合に受動態は便利になるとも言えます。

    O Carlos *foi assaltado* ontem à noite.　カルロスは昨夜襲われた。

    能動態：Assaltaram o Carlos ontem à noite.

    O Presidente da República *foi reeleito*.　共和国大統領は再選された。

IV estar を用いる受動態

ser の代わりに estar が使用されることもあります。estar ＋過去分詞の場合は、行為の結果として生じた状態を表します。過去分詞は主語の性と数に一致します。

    A janela *está aberta*.　窓は開いている。

    A terra *estava coberta* de neve.　地面は雪で覆われていた。

V se を用いる受動態

再帰代名詞 se は、動詞の主語が未知、不特定、文の理解に関与しない場合に受動態化する語として使われます。ser を用いる受動態文よりも頻繁に用いられます。

もし行為者を明示する場合は se を用いた受動態文ではなく、能動態の文にします。

この受動態化する se（se apassivante と呼びます）を用いた文は、広告や公共の場の告知などで頻繁に目にします。動詞の活用は常に３人称だけであり、主語の数によって単数あるいは複数を取り、過去分詞ではなく能動態の形になります。

また、主語は「人」ではなく、いつも「もの」であることにも要注意です。主語が「人」の場合は、「再帰」あるいは「相互性」の意味になります（se など再帰代名詞の用法については「第8章　人称代名詞」を参照）。

　　Aluga-se quarto.　　貸室あり（主語は quarto）

　　Falam-se muitas línguas no Brasil.

　　　ブラジルではたくさんの言語が話される。（主語は muitas línguas）

　近年では、主語が複数にもかかわらず、動詞が単数形の文もしばしばみられますが、本来は主語の複数性を反映しなければなりません。

　　Aluga-se quartos.

　なお、alugar も falar も他動詞ですが、trabalhar「働く」のような自動詞とともに se が用いられる場合は、不特定の主語になります。

　　Trabalha-se muito nesta fábrica.　　この工場ではみんなよく働く。

第18章　関係詞

Ⅰ　関係詞の種類と性質

　関係詞は2つの文を結びつける接続詞としての役割と、最初の文の最後に来る名詞（先行詞）を名詞・形容詞・副詞として修飾する役割を持ちます。関係詞には、関係代名詞、関係形容詞、関係副詞があります。

　関係代名詞：O homem *que* está no parque é o pai do João.
　　　　　　　公園にいる男性はジョアンの父親だ。

　関係形容詞：Ele é o escritor *cujas* obras são muito populares.
　　　　　　　彼は作品がとても人気のある作家だ。

　関 係 副 詞：Queremos ir àquele restaurante *onde* se come muito bem.
　　　　　　　私たちは料理がおいしいあのレストランに行きたい。

Ⅱ　関係代名詞 que, quem, o que, o/a qual, os/as quais, quanto

主語にも目的語にもなります。

Quem trabalha mais nem sempre ganha mais.（主語）
より多く働く者が、より多く稼ぐとは限らない。

É bom o livro *que* nós compramos ontem. **BR**
É bom o livro *que* nós comprámos ontem. **PT**（目的語）
我々が昨日買った本は良い。

A senhora com *quem* você acabou de conversar é a ministra das Finanças. **PT**

A senhora com *quem* você acabou de conversar é a Ministra da Fazenda.
BR

A senhora *que* você acabou de conversar com ela é ministra da Fazenda.
BR（口語・目的語）

今、君が話したばかりの女性は財務大臣だよ。

É de grande importância o assunto sobre o *qual* falei há pouco tempo.
PT / BR

O assunto *que* conversamos sobre ele há pouco tempo é muito importante. **BR**（口語・目的語）
少し前に僕が口にしたことはとても重要なんだ。

1 不変化の quem

quem は不変化で、常に「人」にのみ言及します。先行詞がない場合は常に主語で、意味としては単数でも複数でもあり得ます。動詞は単数形を取ります。

●先行詞が人で、前置詞を伴うときに用いられます。口語レベルでは、前置詞が de の場合、de quem の代わりに de que が用いられることが頻繁にあります。

A pessoa com *quem* falei parecia ter cerca de 50 anos.
私が話した人は 50 歳くらいに見えた。

A pessoa de *que* te falei...　僕が君に話した人は…

●先行詞がない場合

Quem está ao telefone [no telefone **BR**] é o nosso chefe.
電話に出ているのは、私たちの上司です。

Quem estuda são eles.　勉強するのは彼らです。

「彼ら」と複数であっても× Quem estudam と複数形にはなりません。

Quem eu vi ontem foi [foram] o João e a Maria.
昨日僕が目にしたのはジョアンとマリアです。

ただし強調するには次のような言い方の方が頻繁に用いられます。

Foi o João *que* eu vi ontem.

Foi o João *quem* eu vi ontem.　私が昨日見たのはジョアンだ。

Foram eles *que* eu vi ontem.　私が昨日目にしたのは彼らだ。

2 代表的な関係詞 que

先行詞は「人」でも「もの」でもあり得、主語にも目的語にもなります。

O homem *que* bateu à porta veio fazer a leitura da eletricidade.
ドアをノックした男性は電気の検針に来たのだった。

Eles entraram no primeiro autocarro *que* apareceu. **PT**
Eles entraram no primeiro ônibus *que* apareceu. **BR**
彼らは最初にやってきたバスに乗った。

Este é o melhor filme *que* já vi.
これは私が今まで見た映画の中でベストだ。

O projeto, *que* foi muito bem avaliado, inicia-se daqui a dois meses.
十分に検証されたその計画は 2 か月後に開始するだろう。

●前置詞とともに用いられるとき、先行詞は「もの」あるいは人以外の「生物」です。

O assunto de *que* vamos tratar amanhã é de extrema relevância para todos.
明日我々が扱う事柄は、全員にとって極めて関連性がある。

O livro a *que* me referi está aqui.　私が取り上げた本はここにある。

3　o que

o que は英語の関係詞 what に相当し、不変化で、先行詞はありませんが、o がその役割を持ち、具体的ではなく抽象的なことがらを指します。

Não compreendo *o que* o senhor quer dizer.
私にはあなたが言いたいことが理解できません。

Devo gostar *do que* os meus amigos gostam?
友人たちが好きなことを私は好きにならないといけないのか?

●不変化の o que と異なり、人や物を指し、o/os que, a/as que と性・数を一致させる用法もあります。

O que come muito engorda. (= Quem come muito engorda.)
A que come muito engorda. (= Quem come muito engorda.)
たくさん食べる人は太る。

この「食べる人」は女性の可能性が高いですが、A pessoa que とも取れ、その場合は男女両方とも考えられます。次も必ずしも女性ではありません。

Os que vi na televisão eram todos simpáticos.
As que vi na televisão eram todas simpáticas.
私がテレビで見た人たちはみな感じがよかった。

Quero ler *o que* está em cima da mesa.
テーブルの上にある本が読みたいです。

Que [Quais] livros vai ler? — Vou ler *os que* você me recomendar.
どんな本を読むつもりでしょうか?―君が推薦してくれる本を読みます。

4　制限用法と非制限用法

que には制限用法（限定用法）と非制限用法（説明用法）があります。制限用法はある特性を持つものの領域を同定、あるいは制限するために使われます。

Ele tem amigos *que* moram em Yokohama.
彼には横浜に住む友人がいる。

この文は、彼には他の町に住む友人もいることを含意します。これに対し非制限用法は、書く場合はコンマ、話す場合はポーズが入り、話者が情報や説明をつけ

足すために使います。コメントを補足するような感じとも言えます。

　　　Ele tem amigos, *que* moram em Yokohama.
　　　彼には友人が（複数）いるが、みんな横浜に住んでいる。
●制限用法の先行詞はおおよそ限定された普通名詞（句）です。一方、言及されるものが唯一である固有名詞あるいは代名詞の場合は制限用法は使えません。

　　　Lisboa, *que* ē a capital de Portugal, fica à beira do rio Tejo.
　　　×Lisboa que ē a capital de Portugal fica à beira do rio Tejo.
　　　ポルトガルの首都であるリスボンはテージョ川沿いにある。

5　変化する関係詞 o qual, os quais, a qual, as quais

　　　先行詞は人でもものでもありえますが、その性・数に一致して形を変えます。

　　　非制限用法の形容詞句において、que はこの関係代名詞、o qual（a qual, os quais, as quais）で置き換えることが可能です。この置き換えの理由は、先行詞が何かがわかりやすいということだけでなく、リズムや語調も関与しています。

　　　O tio da Joana, *que* ē inteligente, acabou de se formar.
　　　O tio da Joana, *o qual* ē inteligente, acabou de se formar.
　　　頭の良かったジョアナの叔父さんは最後は卒業した。

　　上記の文において、que を用いた文では「頭の良かった」のは叔父なのかジョアナなのかはっきりしません。o qual とすれば、それは叔父の方だとわかります。

　　逆に、制限用法の que を o qual... で置き換えることはできないので、Vi a mulher que roubou a sua bicicleta.「あなたの自転車を盗んだ女性を私は見た」で que を a qual にすることは推奨できません。

6　前置詞との組み合わせでの注意

　　　que, quem, o qual / a qual / os quais / as quais については前置詞との組み合わせに関して注意すべき点があります。
●単音節の前置詞 a, com, de, em, por の後では que を、先行詞が人の場合は quem を主に用います。o/a qual, os/as quais は丁寧な言葉遣いでのみ見られます。
●その他の前置詞 sob, para, segundo, mediante, durante の後、あるいは ao lado de, através de, em relação a という表現の後には que を用いることはできません。

　　　O endereço para *o qual* deves enviar o pedido está no início da
　　　mensagem de ontem.
　　　君が依頼文を送付すべきアドレスは昨日のメッセージの冒頭にあるよ。

O princípio segundo o qual tem prioridade quem vem da direita não se
aplica nas rotundas **PT** [rotatórias **BR**].

右側から来る者が優先されるという原則はロータリーでは適用されない。

● sobre の後では que あるいは o/a qual, os/as quais を用います。sobre quem
もあり得ます。

O assunto sobre o qual falamos na aula é muito complexo.

O assunto sobre que falamos é muito complexo.

僕たちが授業で話す案件は極めて複雑である。

O diretor sobre quem todos têm falado bem infelizmente será
transferido de cidade.

誰もが話題にしてきた部長が残念ながら町から異動になるようだ。

7   tudo, todos, todas と共起する関係代名詞 quanto ....

　人、ものに言及します。任意になりますが、todo, toda, todos, todas を先行
詞として取り、性・数が一致します。ポルトガルでは義務と見なされます。「…す
るすべての人／もの」を意味します。

Todos quantos trabalham bem merecem elogios.

よく働く者すべてが称賛に値する。

Todas quantas vimos são simpáticas.

私たちが見た女性は誰も感じがよかった。

Eu gostei de (todos) quantos comi.　　口にしたものなんでも気に入りました。

●先行詞が抽象的な場合は性・数の変化はしません。tudo の使用は任意です。

É importante (tudo) quanto estudámos hoje. **PT**

É importante (tudo) o que estudamos hoje. **BR**

私たちが今日勉強したことはすべて重要である。

Ⅲ　所有を意味する関係形容詞 cujo, cuja, cujos, cujas

　これらはポルトガル語唯一の関係形容詞です。「誰のものか？」という疑問詞と
しては用いられません。「所有」を表わしますが、その性・数は所有されるもの（修
飾される名詞）に一致し、所有者ではありません。書き言葉での使用が主になりま
す。母語話者でも誤用が多いのが、この cujo です。

Este é o autor cujos livros foram traduzidos para mais de dez línguas.

その本が 10 以上の言語に翻訳されたのはこの作家だ。

Este é o autor cujas obras comprei ontem.

私が昨日作品を買ったのはこの作家のなのです。

この２文は口語レベルでは、ポルトガルでは do qual や de quem を用いて言い代えることが多いようです。

Este é o autor *do qual* os livros foram traduzidos para mais de dez línguas.

Este é o autor *de quem* comprei as obras.

下の例文は「その著者から買った」という意味にもなります。

Ⅳ　関係副詞 onde

ポルトガル語でただひとつの関係副詞です。

O Rio de Janeiro é uma cidade *onde* uma pessoa [a gente / toda a gente / você / todo mundo] se diverte muito.

リオデジャネイロは誰もが楽しめる都市である。

この文で onde は em que で置き換えることが可能です。

口語レベルでは、しばしば a, para は省略されます。

A cidade de *onde* meu pai é é pequena. **BR**

A cidade *donde* o meu pai é é pequena. **PT**　父の出身都市は小規模だ。

A região (para) *onde* vão é perigosa. / A região (a) *onde* vão é perigosa.

君たちが行く地方は危険である。

第19章 疑問詞

I 疑問詞を用いない文での質問

文末のイントネーションを上昇させます。書き言葉の場合は文末に疑問符「?」を付します。

　　Vocês comeram bem?　君たちはたくさん食べましたか？

主語を強調する形では、Comeram bem vocês? という語順もあり得ます。また、強調する主語（この場合は vocês）を強く発音する手法も多用されます。

II 3種類の疑問詞

疑問詞は、疑問代名詞、疑問形容詞、疑問副詞の3つに分かれます。疑問形容詞を除き、疑問詞は関係詞（「第18章　関係詞」を参照）と同じケースが多いです。疑問詞は性・数が変化する変化語と変化しない不変化語があります。

なお、ポルトガルの口語レベルでは疑問詞の後には é que という形式が用いられることが頻繁にあります。é que はもともとは強調のための表現ですが、疑問詞の後ではむしろ語調を整えるために用いられます。ポルトガルの書き言葉では使用されません。ブラジルでは、é que の é の省略も見られます。

　　Quem (é que) é aquele senhor?　あの男性は誰ですか？（代名詞）
　　De que cor (é que) você gosta mais?
　　君は何色が最も好きですか？（形容詞）
　　Onde (é que) fica o correio?　郵便局はどこですか？（副詞）
　　Quem vem? / Quem que vem? BR　誰が来るの？

●なお、é que は時制を変えることもあります。
　　O que foi que o professor disse?　先生は何とおっしゃいましたか？
　　Onde era que o João estava?　ジョアンはどこにいましたか？
● é que の時制を一致させてさらに挿入する表現もしばしば見られます。
　　O que é que foi que o professor disse?
　　Onde é que era que o João estava?

III 疑問代名詞 quem

quem は常に代名詞であり、不変化語で、人に対して用いられます。「誰が」「誰を」にあたります。

　　Quem pediu o vinho do Porto?
　　誰がポートワインを注文しましたか？

Quem amas tu? / *Quem é que* (tu) amas? / *Quem é que* você ama?
君は誰を愛すのか。

「…を」を意味するために前置詞 a を付す必要はありません。

×A quem é que (tu) amas? / ×A quem é que você ama?

疑問代名詞・形容詞 que あるいは o que は不変化語であり、「もの・こと」に使われます。「何が」「何を」「何の」を意味します。o que はもともと口語で使用されましたが今日では広く用いられます。

O que (é que) aconteceu ontem?　昨日、何があったのですか？（主語）

O que posso fazer para você? BR

O que (é que) posso fazer por você? / *O que* posso fazer para si? PT
君のために（私は）何ができるだろうか？（目的語）

●アクセント記号を持つ *quê* は文末で使用される場合に使われます。

(O) Quê?　何だって？

Você falou com o professor sobre (o) *quê?*
お前、先生と何の話をしたんだ？

●形容詞的用法では人にも使えます。この場合、o はつきません。

Que livro estás a ler? PT / *Que* livro você está lendo? BR
君は何の本を読んでいるの？

Não se sabe *que* atitude ele vai ter.
彼がどんな態度を取るのかわからない。

修飾する名詞の数によって変化をし、「人」と「もの」に使われます。性の区別はありません。複数の対象物の中からの選択肢を意味します。「どれ」「どの」にあたります。

Qual destes jogadores vai jogar hoje?
これらの選手のどっちが今日プレーするのか。

Não posso adivinhar *qual* a roupa que ela vai escolher.
彼がどの服を選ぶのか当てることはできない。

Quais são os livros que o professor nos recomenda?
先生が僕らに薦めるのはどの本ですか。

●属詞としての形容詞の場合

Qual é...? / Quais são...? という疑問文で選択の意味が薄れてしまい、どちらかというと「何の」という意味になってしまう場合、ser 動詞が省略されることがあります。

Quais (são) os animais que produzem marfim?
（クイズの形式で）象牙を生み出すのは何の動物でしょうか？

Qual (é) o seu endereço?　君の住所はどこ（どれ）？

VI　疑問形容詞・疑問副詞 quanto(s) / quanta(s)

	男性	女性
単数	quanto	quanta
複数	quantos	quantas

疑問形容詞の場合は修飾する名詞の性・数で変化し、量・数を聞きます。疑問副詞の場合は不変化です。

Quanto ele ganha por mês?　彼は月にいくら稼ぐの？（副詞）
Quanto custa a entrada?　入場料はいくらですか？（副詞）
Quantas casas foram destruídas?　何軒の家が破壊されたのか？（形容詞）

VII　疑問副詞 como

不変化語で、「どんな」「どのような（に）」を訊ねます。
Como é o João? É louro [loiro]? **PT** / **BR** （様態）
ジョアンはどんな（人）ですか。金髪？

Como vai você até lá? **BR** / *Como* é que você vai até [para] lá? **PT** **BR**
— Vou de carro. （手段）
どうやってあそこまで行きますか？―自動車で行きます。

VIII　疑問副詞 quando

「いつ」を表します。
Quando chegaram eles? **PT** / *Quando* eles chegaram? **BR**
彼らはいつ着いたのでしょうか？

Não sei *quando* eles aparecem. **BR** / Não sei *quando* aparecem eles. **PT**
Não sei *quando* é que eles aparecem. （口語）
私は、彼らがいつ姿を見せるのかわからない。

　場所を訊ねます。「どこから」の場合は前置詞 de が必要です。donde は de と onde の縮合形です。「どこへ」の場合、前置詞 a は任意です。para onde とすることもあります。

> *Onde* fica o correio?　郵便局はどこにありますか？
> *De onde* são vocês? / *Donde* são vocês? **PT**　君たちはどこの出身ですか？
> *Aonde* [*Onde*] vão?　君たち、どこへ行くの？
> *Para onde* partem?　君たち、どちらへ出発するの？

●ポルトガルでもブラジルでも話し言葉では、「どこに」（所在）の意味でも、aonde が使われることがよくあります。

> *Aonde* estás?　君はどこにいるの？

●ブラジルには que é de...? に由来する cadê という語が onde と同じ意味で口語レベルで使用されることがあります。ポルトガルでも近年はブラジルの影響でインフォーマルな場面で使用されることがあります。

> *Cadê* o João?　ジョアンはどこにいるの？
> Cadê está o João? を使う人もいます。

　「理由」を訊きます。ポルトガルでは１語の porque の形が用いられることが多くあります。

> *Por que* não vieram eles ontem? **BR**
> *Porque* não vieram eles ontem? **PT**　なぜ彼らは昨日来なかったのですか。

●「理由」を答えるときは１語の porque が使われます。

> Cheguei atrasado *porque* perdi o comboio. **PT**
> Eu cheguei atrasado *porque* perdi o trem. **BR**
> 電車に乗り損ねたので遅刻した。

● porquê は単独、あるいは文末で用いられます。なお、por quê はあまり使われません。

> Vocês chegam sempre atrasados. Mas *porquê*?
> 君たちはいつも遅刻だね。でも、どうして？

● o porquê は男性名詞として「理由」「原因」を意味します。

> Ninguém entende *o porquê* da situação atual.
> 誰も現状の原因を理解していない。

● por que＋ 名詞（razão など）という使い方もあります。この場合 que は疑問

形容詞です。Por que razão...? とはなりません。

> *Por que (razão)* a ortografia do português nem sempre corresponde à
> forma como pronunciamos as palavras?
>
> どうしてポルトガル語の正書法は必ずしも私たちの発音方法と一致しないのだ
> ろうか？

XI　疑問形容詞 que, qual の違い

　que と qual のちがいには注意が必要です。que は不定数の中から選ぶ場合、
qual は一定数の中から選ぶ場合に使います。 BR ではさほど意識する必要はあり
ません。

> *Que* livro gostas de ler?　どんな本を読むのが好き？（一般的に）
>
> *Qual* livro gostaste mais de ler?　どっちの本がよかった？（選ばれた中で）
>
> *Qual* é o cirurgião que te vai operar?
> （限られた可能性の中から）どの外科医が君の執刀医なの？
>
> *Quem* é o cirurgião que te vai operar?
> （数多くいる外科医の中からいったい）誰が君の執刀医なの？

XII　語順について

　疑問詞の後の語順にはポルトガルとブラジルの間で違いがあり、注意が必要で
す。直接疑問文では、動詞は疑問詞の直後に置かれるという制約があります。主
語は動詞の後に置きます。しかし、é que を用いると通常の語順に戻すことができ
ます。

> *O que* disse o professor? / *O que é que* o professor disse?
> 先生は何と言いましたか？
>
> *Onde* está o João? / *Onde é que* o João está?
> ジョアンはどこにいますか？
>
> (*O*) *Que* estuda você? / *O que* (*é que*) você estuda? PT
> あなたは何を勉強しますか？

●ブラジルでは転倒のない文も可能ですが、ポルトガルでは認められません。

> *Onde* o João está? BR
>
> *O que* você estuda? BR

●ブラジルでは、que ＋名詞、qual ＋名詞、quanto ＋名詞の場合は、転倒は義
務にはなりません。

> *Quantos gatos* você viu? BR / *Quantos gatos* viu você?
> 君は猫を何匹見たの？

　疑問詞を使った文が主節となる直接疑問文と異なり、従属節で用いられるとき、間接疑問文を作ります。

　O que é isso?　それは何ですか？（直接疑問文）

　Não sei *o que* é isso.　それが何だかわからない（間接疑問文）

●間接疑問文では疑問詞以下の語順の制約はなくなります。

　Não sei *por que* razão o João não me disse nada.
　なぜジョアンが何も言ってくれなかったのかわからない。

　Não sei *por que* motivo surgiram aqueles problemas.
　どうしてあんな問題が生じたのかわからない。

● quê, o quê, porquê, por quê というアクセントを持つ疑問詞は間接疑問文に使えません。さらに、que も必ず o que になります。

　Que querem vocês? / *O que* querem vocês?
　君たちは何を望んでいるのかな？

　Não sei o *que* querem vocês.　君たちが何を望んでいるのかわからない。

　感嘆文は話者（書き手）が感情を表出するときに用いられます。感嘆文には文頭に como と que が用いられ、文末で感嘆符！が付されます。como の後には節が、que の後には句が続きます。

　Como tem feito calor nas últimas semanas!
　この数週間、なんて寒いんだろう！

　Que bela paisagem!　なんて美しい景色なんだろう！

● como, que を用いないケースもあります。

　Feliz aniversário!　誕生日おめでとう！

　É uma delícia esse chocolate! BR

　É uma delícia este chocolate! PT　このチョコレートおいしいね！

第20章 不定語

　不定語とは不特定の人やもの、あるいは数量を表わす一群の語です。不定代名詞と不定形容詞に分かれます。さらに、不変化語と変化語があります。

I　具体例

1　algo, alguém

　algo「何か」と alguém「誰か」は不変化語です。algo は丁寧な言葉遣いで用いられ、日常会話では alguma coisa が好まれます。一方 alguém はどんな文体でも使われます。

　　Alguém entrou no jardim.　誰かが庭に入った。

　　Algo está mal. / *Alguma coisa* está mal.　何かがおかしい。

　algo には形容詞（句）を付すこともできます。その場合は前置詞 de でつながれることがあります。

　　algo (de) esquisito 奇妙な何か

　algo は副詞「少し」の意味で使われることもあります。

　　O ministro das finanças está *algo* preocupado com a situação financeira do país. **PT**
　　財務大臣は自国の財政状況を少々懸念気味だ。

2　algum, alguns, alguma(s)

　algum は変化をする不定形容詞・代名詞です。男性複数形は alguns, 女性単数形は alguma, 複数形は algumas です。生物・無生物にも使えます。代名詞としては、「ひとつ、一人、ある」、「何人か、いくつか」の意味になります。

　　Alguma das portas estava aberta.　ドアのひとつが開いていた。

　なお、Uma das portas estava aberta. としても大きな差はありません。
●形容詞としては「ひとつの、一人の、ある」、「何人かの、いくつかの」の意味になります。

　　Foi com *alguma* surpresa que soube da notícia.
　　いくらかの驚きをもって、その知らせを知った。

3　ninguém

ninguém は「誰も…（ない）」を意味する不定代名詞です。ポルトガル語の否定文は必ず動詞の前に否定を意味する語句が必要となります。

Ninguém gosta de ser criticado em público.
人前で批判されるのを好む者は一人もいない。

Não está ainda *ninguém*? / *Ninguém* está aqui ainda?
まだ誰もいないのですか？

×Está ninguém ainda.

Não era para *ninguém*.　誰のためのものでもなかった。

4　nada

nada は「なにも…（ない）」を意味する不定代名詞です。

Nada me incomoda. / Não me incomoda *nada*.　私に不都合はない。
●副詞としての用法もあります。

Não é *nada* fácil.　まったく容易ではない。

5　nenhum, nenhuns, nenhuma(s)

nenhum は変化をする不定形容詞・代名詞です。男性複数形は nenhuns, 女性単数形は nenhuma, 複数形は nenhumas です。生物・無生物にも使えます。代名詞としては、「ただひとつ／一人の…もない」の意味になります。

Nenhum concorrente ficou de fora.
Nenhuns concorrentes ficaram de fora.
競争者の一人として棄権しなかった。

最初の文の方が頻度は高いですが、この2文はほぼ同じ意味です。ブラジルでは複数形はほとんど用いられません。Nenhum dos concorrentes ficou de fora. もよく使います。

Nenhuma apareceu na festa. / Não apareceram *nenhumas* na festa.
（女性は）誰もパーティーに姿を見せなかった。

Nenhumas apareceram na festa はポルトガルでも稀です。
●単数形 nenhum は全体を取り上げるのに対し、複数形 nenhuns は個別要素のまとまりを取り上げます。以下の例文でそれぞれ後者は稀です。ブラジルでは使用されないと言えるでしょう。

Não vi *nenhum* deles no parque. / Não vi *nenhuns* deles no parque.
彼らのうち誰一人として公園で目にしなかった。

112

Ele não me disse *nenhuma* palavra.

Ele não me disse *nenhumas* palavras.

彼は私に一言も発しなかった。

● nenhum, nenhuns, nenhuma(s) は名詞の後では否定の意味を強めます。

Ele não me disse palavra *nenhuma*.

Ele não me disse palavras *nenhumas*.

後者は稀な使用。ブラジルでは使用されないと言えるでしょう。

● algum, alguns, alguma(s) は名詞の後で nenhum, nenhuns, nenhuma(s) と交換可能です。algum... は位置によって大きく意味を変えるので注意が必要です。

sem preparação alguma / sem preparação nenhuma　何の準備もなしに

6　muito(s) / muita(s) / pouco(s) / pouca(s)

●副詞として使われる muito / pouco は不変化です。

Eles são *muito* bons amigos.　彼らはとても良い友人だ。

O João fala *pouco* com os pais.　ジョアンは両親とほとんど話さない。

●形容詞としては修飾する名詞の性・数に一致します。名詞の前に置きます。

Houve *muitas* vítimas civis no ataque aéreo ao país vizinho.

隣国の空からの攻撃により多数の市民の犠牲者が出た。

A equipe carioca terá *poucas* chances de ganhar o campeonato. BR

そのリオのチームが選手権を勝つ望みはわずかしかないだろう。

●代名詞としては、代替する名詞の性と数に一致します。

Muitos sonham com uma viagem ao Brasil.

多くの者がブラジル旅行に憧れる。

Muitos criticam a corrupção, mas não se dão conta de algumas condutas desonestas no seu quotidiano. PT

汚職を批判する者は多い、だが（彼らも）日常生活における不誠実な行動には気づかない。

●「少しの…」を意味する um pouco (de) という表現があります。

Ponha na água *um pouco de* sal.　水に少し塩を入れてください。

Com *um pouco* mais *de* esforço, você aprenderá a tocar a música perfeitamente.

もう少しの努力があれば、君は完璧に曲を演奏できるようになるだろう。

Trabalhei *um pouco* hoje à tarde. BR

Trabalhei alguma coisa hoje à tarde. PT

今日の午後は多少は仕事した。

他の表現でも同じような意味を表すことが可能です。

um bocado / bocadinho de açúcar　少しの砂糖

7　um tanto「わりと」「かなり」

Ele comeu *um tanto* de biscoito durante o café. Que guloso!
彼は朝食に何枚もビスケットを口にした。甘党だなあ！

Nalgumas [Em algumas **BR**] regiões do mundo, é *um tanto* arriscado não tomar a vacina contra a cólera.
世界のいくつかの地域では、コレラのワクチンを接種しないのはわりと危険である。

8　中性の代名詞 tudo

不変化であり、「（抽象的な）すべてのこと、物、人」を意味し、具体的な先行詞には言及しません。

Vocês comeram *tudo*?　君たち、全部食べた？
Espero que *tudo* corra bem no exame de amanhã.
私は明日の試験がうまくいくことを期待している。

9　todo / toda / todos / todas

todo / toda / todos / todas は個別のものに言及します。どの場合に定冠詞を用いるかポルトガルとブラジルで用法が異なることがあり要注意です。

● todo / toda＋定冠詞＋名詞：…の全体、…中
Ficamos em casa *todo* o dia.　われわれは一日中在宅だった。
o dia todo とも o dia inteiro とも表現できます。
ポルトガルでは、「いかなる、どんな…も」の意味でも使われます。

Toda a criança gosta de fazer perguntas sobre tudo.
どんな子どもも何についても質問したがる。

Todo o homem é mortal.　すべての人間は不死ではない。
しかし、ブラジルでは toda criança, todo homem と定冠詞なしにします。

●ポルトガルで todo o mundo と言えば「世界中」ですが、ブラジルでは todo mundo というと「みんな」の意味です。ブラジルで「世界中」は o mundo todo といいます。ブラジル用法との混同を避けるため、ポルトガルでは o mundo todo, o mundo inteiro あるいは todo o planeta という表現が好まれます。

● todos / todas＋定冠詞＋名詞：すべての…
Trabalhamos *todos os dias* [os dias todos].　私たちは毎日仕事する。

Todos os edifícios são altos nesta zona.
この地区ではすべてのビルが高層だ。

Gosto de *todas as flores* do jardim.　私は庭園のすべての花が好きだ。

● todos は quantos, que に先行することもあります。

Todos quantos estudam nesta universidade estão contentes. **PT**

Todos que estudam nesta universidade estão contentes.
この大学で学ぶすべての者が満足している。

Todos os que estudam nesta universidade estão contentes. なども可能です。Todos que... の形が最も頻度が高いでしょう。

● todos / todas は「みんな、誰もが」という代名詞になりますが、動詞は1人称複数形あるいは3人称複数形となります。

Todos querem já regressar a **PT** [voltar para **BR**] casa.
彼ら全員がすでに帰宅したがっている。

Todos queremos mais uma vitória!　我々皆がもう1勝を望んでいる。

●否定の文では動詞の後に、nem の場合は動詞の前に置かれます。

Não apareceram *todos*. / Nem *todos* apareceram.
みんなが姿を見せなかったわけではない。(いく人か、あるいは大半は来た)

● todo は、「全体、全部」の意味で、名詞としても使われます。

O *todo* é maior que a soma de suas partes.
全体は部分の合計よりも大きい。

10　outro / outros / outra / outras

「他の（人、物)」を意味する不定形容詞、代名詞です。

Eu quero comprar *outra* casa.　私は別の家を買いたい。

Nesta caixa ou na *outra*.　この箱の中あるいは別の箱の中。

● outrem「他人、第三者」という意味の不定代名詞もありますが、法律文書やことわざなどをのぞき、現在ではほとんど使われません。

As obras não podem lesar *outrem*.　作業は他人を傷つけてはいけない。

A aquisição da parcela de terreno por *outrem* exige um pedido específico de autorização.
第三者による土地の一部の購入には特別な許可申請が必要である。

Os haveres de *outrem* devem ser respeitados.
他人の所有物は尊重されねばならない。

Ouvi de *outrem* muitas reclamações sobre essa empresa.
この企業に関し多くのクレームを他の人から耳にした。

●ポルトガル語には似た意味のものに「他人の」を意味する形容詞 alheio があります。

> Não prestem atenção às opiniões *alheias*. (=às opiniões dos outros)
> 他人の意見に耳を傾けるな。

11　qualquer / quaisquer

　代名詞 qualquer「誰でも」は不変化です。しかし、形容詞 qualquer / quaisquer「どんな…でも」は単複の区別があります。代名詞としての用法はポルトガルに限られるので、**qualquer deles** と **qualquer um deles** の違いがあります。

> *Qualquer* estudante gosta do professor.
> どの学生もその先生のことが好きである。

> *Qualquer* (um) deles pode vir a ser Primeiro-Ministro. **PT**
> 彼らのうち誰もが首相になりうる。

> *Qualquer* um deles pode vir sendo Presidente da República. **BR**
> 彼らのうち誰もが共和国大統領になりうる。

> *Qualquer* pessoa pode vir à festa. **PT** / **BR**
> パーティーに誰でも来ていいですよ。

> *Quaisquer* pessoas podem vir à festa. **PT**
> どんなタイプの人もパーティーに来ていいですよ。

> Os comunistas são tão portugueses como *quaisquer* outros.
> 共産党員も、他の誰とも同じポルトガル人である。

　文脈によっては、alguma coisa の代わりに qualquer coisa が用いられることがあります。

12　ambos

　ambos は「両方（の）」を意味する不定形容詞・代名詞です。

> Messi ou Neymar? — *Ambos* são muito bons!
> メッシそれともネイマール？―両方ともすごくいい！

> Eu contactei *ambas* as partes interessadas.
> 私は利害関係のある両サイドと接触した。

> *Ambas* as frutas, tanto a maçã como **PT** [quanto **BR**] a laranja, são muito comuns em Portugal.
> りんごもオレンジもどちらもポルトガルではありふれた果物です。

13 cada

cada は「それぞれの」を意味する不定形容詞です。不変化です。

Cada grupo étnico tem a sua própria cultura.

それぞれの民族集団に固有の文化がある。

代名詞的な用法も見られます。cada um / qual

Estes cadernos custaram dois euros *cada*. PT / BR

これらのノートはそれぞれ 2 ユーロでした。

Estes cadernos custaram dois reais *cada* um. BR / PT

これらのノートはそれぞれ 2 レアルでした。

● cada は次の数詞を伴った表現に使われます。

cada quatro anos　4 年目ごとに、3 年おきに

Atualmente os Jogos Olímpicos realizam-se a *cada* dois anos.

現在、オリンピックは 2 年ごとに開催される。

de dois em dois の方が使用頻度は高いようです。

14 mesmo / mesmos / mesma / mesmas

形容詞としても代名詞としても用いられます。

(A) Maria e eu nascemos no *mesmo* dia.　私とマリアは同じ日に生まれた。

Fizeste o *mesmo* que eu.　君は僕と同じことをした。

「まさに、まさしく」を意味する副詞としては不変化です。

Ele chegou agora *mesmo*.　彼はまさに今到着した。

第21章 副詞

　副詞は動詞、形容詞、さらに他の副詞を修飾します。あるいは、文頭・文末・文中に置かれ文全体の意味を変えることもあります。

I　副詞の位置

　副詞が置かれる位置に関して絶対的なルールはありませんが、一つの目安としては、形容詞や他の副詞を修飾するときは副詞はその前に立つ傾向があり、また動詞の修飾を行う場合はその後ろが多いと言えます。

　　Ele vai à igreja <u>diariamente</u>. / <u>Diariamente</u>, ele vai à igreja.
　　Ele vai <u>diariamente</u> à igreja.
　　彼は毎日教会へ行く。

　これらの文では意味は変わりません。

●位置が決まっている副詞もあります。以下の下線の3語は形容詞に対してはその前に置かれます。

　　Ele está <u>muito</u> [<u>bastante</u> / <u>bem</u>] estressado BR [stressado PT].
　　彼はかなりストレスを抱えている。

●同じ副詞でも、位置によって意味が異なることもあります。

　　Somente ela dá aula na segunda.　　月曜日に授業をするのは彼女だけ。
　　Ela *somente* dá aula na segunda.
　　彼女が月曜日にすることは授業だけで、他には何もしない。
　　Ela dá aula *somente* na segunda.　　彼女は月曜日にしか授業をしない。

II　形容詞からの副詞の作り方

　形容詞の女性形に接尾辞 -mente を付して副詞を派生させることができます。-mente はもともと女性名詞 a mente「精神」であり、それゆえに形容詞は女性形となるのです。意味としては「…という気持ちをもって」ということです。

●男性形が -o で終わる形容詞は -a に置き換えてから -mente を付します。

　　ligeiro 軽い → ligeiramente わずかに
　　longo 長い → longamente 長く　　　　frio 冷たい → friamente 冷たく
　　antecipado 前もって行われた → antecipadamente 事前に
　　primeiro 最初の → primeiramente 最初に

　なお、×segundamente, ×terceiramente... は使われません。

●その他の形容詞は、そのままの形に –mente を付します。

breve つかの間の → brevemente 間もなく

prudente 慎重な → prudentemente 慎重に

veloz 速い → velozmente 素早く

feliz 幸せな → felizmente 幸いにも

　felizmente はやはり文頭に置くか、文末に置くかによって意味を変えてしまうので注意が必要です。

A aula acabou *felizmente*. (=A aula acabou bem.)
授業はいい感じで終わった。

Felizmente, a aula acabou. (=Ainda bem que a aula acabou.)
幸いにも授業は終わってくれた。

●アクセント記号がある形容詞は、副詞になった場合はアクセント記号は不要になります。

fácil 容易な → facilmente 容易に

público 公的な → publicamente 公的に

último 最後の → ultimamente 最近

português ポルトガル（人）の → portuguesmente ポルトガル（人）的に

　portuguesamente とならないのは古いポルトガルでは –ês で終わる国籍形容詞が不変化だったからだと思われます。ただしこの portuguesmente という語そのものがほとんど使用されません。

● –mente の副詞が続くとき、最後の副詞だけが –mente を付されます。その前の形容詞は女性単数形です。ただし、各副詞を強調したい場合はそれぞれに –mente をつけます。この場合は、接続詞 e を用いないこともあります。

Ele correu *rápida e elegantemente*.

Ele correu *rapidamente, elegantemente*.
彼は速く、優雅に走った。

●なお、口語レベルでは、いくつかの形容詞は男性単数形で副詞として用いられることがあります。

Esta senhora fala sempre *alto*.
こちらの女性はいつも大声で話す。

-mente で終わる副詞の多くはここに分類されます。

● lentamente「ゆっくりと」

Pesquisas indicam que o universo está morrendo *lentamente*. **BR**

Pesquisas indicam que o universo está a morrer *lentamente*. **PT**

さまざまな研究によれば、宇宙はゆっくりと滅びつつあるとされる。

● loucamente「狂ったように」

Ela está *loucamente* apaixonada pelo Manuel.

彼女はマヌエルに狂ったように夢中になっている。

● assim「この（その・あの）ように」

Não deves pensar *assim*. 君はそんな風に考えるべきではない。

● bem「よく、上手に」

A Maria canta *bem*. マリアは歌が上手い。

● mal「下手に、ほとんど…なしに」

O João saiu sem gabardine **PT** [capa de chuva **BR**]. *Mal* sabe ele a chuva que aí vem!

ジョアンはコートも着ずに出かけた。雨になるとも知らずに。

● devagar「ゆっくりと」

Ele anda muito *devagar*; não tenho paciência para chamá-lo para caminhar.

彼はすごくゆっくり歩く。とてもではないけれど、お散歩に誘うことはできない。

● depressa「急いで」

Ele fala japonês muito mal, mas, só porque fala *depressa*, acha que fala bem.

彼は下手な日本語を話すが、早口で話すだけで、上手だと思い込んでいる。

● com gosto「喜んで」

É *com* todo o *gosto* que aceito o convite para participar no **PT** [do **BR**] evento proposto.

声をかけてくれたイベントの参加を喜んでお受けします。

● às cegas「手探りで」

Eles perderam-se **PT** [se perderam **BR**] no caminho e andaram *às cegas* durante mais de uma hora.

彼らは道すがら迷子になり、一時間以上も手探りで歩いた。

Ⅳ　時の副詞

● anteontem「一昨日」

Eu encontrei (o) teu [seu] pai *anteontem*, na feira. **BR**
Eu encontrei o teu pai *anteontem*, na feira. **PT**
おととい、市場で君のお父さんに会ったよ。

● depois de amanhã「明後日」

Eu já viajo *depois de amanhã*.　私は明後日にはもう旅立つ。

● antes「前に、先に」

Antes de você sair, me manda uma mensagem no celular avisando. **BR**
Antes de saíres, manda-me uma mensagem para o telemóvel a avisar. **PT**
外出する前に、携帯にメッセージを送って知らせてくれ。

● primeiro「最初に」

Vou-me embora, mas *primeiro* tenho que resolver um assunto
importante.
もう出て行くけれど、まずは重要な案件を解決しないといけない。(**BR** では
me を用いないことが多い)

● de repente「突然」

Estava um dia espetacular e, *de repente*, começou a chover a cântaros.
素晴らしい天気だったのに、突然どしゃ降りになった。

　BR では a cântaros は滅多に用いられません。muito でいいでしょう。

● então「そのとき」

Estava a dormir quando o telefone tocou. *Então*, acordei para o atender,
mas ninguém respondeu. **PT**
Estava dormindo quando o telephone tocou. *Então*, acordei para
atender, mas ninguém respondeu. **BR**
電話が鳴ったときは寝ていた。それから電話に出るために起きて、でも誰も答
えてくれなかった。

● outrora「かつて」

A ponte em ruínas foi *outrora* a principal ligação entre o sul e o norte do
país.
廃墟化した橋だが、かつては国の南北を結ぶ主な手段だった。

● nunca (jamais)「一度も…ない」

Ele *nunca* veio aqui. **BR** / Ele *nunca* aqui veio. / Ele *nunca* cá veio. **PT**
彼はここに一度も来たことはない。

● logo「すぐに」

Ele chega *logo*.　彼はすぐに着く。

● ainda「まだ」

Ele *ainda* estuda. / Ele estuda, *ainda*!（強調）　彼はまだ勉強している。

Ele *ainda* não estudou. / Ele não estudou *ainda*.

彼はまだ勉強していない。

●já「すでに、すぐに、もう、いままでに」

通常、動詞の前に置きます。

Já são oito da noite. Mas ainda estás a trabalhar? **PT**

[está trabalhando? **BR**]

もう夜の8時だよ。でもまだ仕事しているの？

Você *já* pensou casar com ele? **PT**

Você *já* pensou em se casar com ele? **BR** — Nem pensar!

彼との結婚は考えたことはあるの？―まさか！

Já volto. / Volto *já*.　すぐに戻ります。

Ele *já* aqui vem. **PT** / Ele *já* vem aqui. **BR**

彼はここにすぐに来る。

● já＋否定辞「もはや…ない」

Hoje em dia, *já ninguém* ousaria dizer uma coisa dessas na frente de mulheres.

今日では、もはや誰も女性の前でそんなことを口にしないだろう。

● sempre の位置と用法

sempre「いつも、それでもなお」は特にポルトガルで位置によって微妙に意味が変わることもあり、注意が必要です。

É a mesma história *sempre*. **BR**　いつも同じ話だ。

É a mesma história de *sempre*. **PT** **BR**　（**PT** ずっと前から）いつも同じ話だ。

sempre には「いつも」以外の意味もあります。

Embora estivesse a chover, ele (afinal) *sempre* veio. **PT**

雨が降っていたが、それでもなお彼は来た。

この意味では動詞に前置されます。また、afinal を伴うことが多いです。

Ⅴ　場所の副詞

●主な場所の副詞である aqui / cá, aí, ali / lá の使い分けはとても困難が伴います。

aqui / cá「ここ」は1人称に相当し、話者の近くにあるものに言及します。

aí「そこ」は2人称に相当し、聞き手の近くにあるものに言及します。

ali／lá「あそこ」は 3 人称に相当し、話者からも聞き手からも離れています。

ブラジルでは cá は「動き」の概念を伝えるとき、あるいはいくつかの定型表現でのみ用いられます。また ali は lá よりも近くにあるものを示します。

De uns tempos pra *cá*, ele mudou completamente comigo. BR
ここ最近、彼の僕に対する態度はすっかり変わってしまった。

● ali「あそこ」は視界に入っていますが、lá は遠く離れた視界の外にあります。

Não viste o meu livro? Estava *ali* em cima da mesa!
僕の本、見なかった？テーブルの上にあったんだけど。

話者、聞き手、テーブルはそれぞれ離れていますが同じ部屋にあります。

Não viste o livro? Estava *lá* em cima da mesa!
話者と聞き手は同じ部屋にいますが、テーブルは別の部屋にあります。

（電話で）Está *lá*? （かけた側が）もしもし。

応答は Está? あるいは Estou! PT

● cá は aqui より広く、漠然とした場所を指します。ただし cá はブラジルではあまり使われません。

Cá no Japão as pessoas não dizem isso. PT
Aqui no Japão as pessoas não dizem isso. BR
ここ日本では人はそんなことを言わない。

O cortejo fúnebre do presidente passou por *aqui*.
大統領の葬列はここを通った。（まさにこの場所）

Durante a campanha eleitoral, o novo presidente passou por *cá* PT
[*aqui* BR].

選挙運動中、新大統領はこのあたりを通った。

Aqui está chovendo. *Aí* está chovendo? BR
こっちは雨降り。そっちは降ってるかい？

●その他の副詞

acolá「向こうに」（ブラジルでもポルトガルでも古めかしい感じ）

O livro está *acolá*, em cima da mesa. PT
本はあっち、テーブルの上にある。

dentro「中に」

A chave está *dentro* da gaveta da escrivaninha.
鍵は机の引き出しの中にある。

fora「外に」

Quem é que está lá *fora*? 外にいるのは誰？

atrás「後ろに」

Quem é essa garota *atrás* do Pedro?　ペドロの後ろにいる少女は誰？

perto「近くに」

Moro bem *perto* de uma lagoa. **BR** **PT**　私は湖のそばに住んでいる。

Moro mesmo *ao pé* duma lagoa.（**PT** では perto de よりも好まれる）

abaixo「下に」

A loja fica logo *abaixo* da escadaria.　店は階段の直下にある。

debaixo「下に」

O pedestre foi atropelado e ficou *debaixo* do carro. **BR**
歩行者はひかれ、自動車の下敷きになった。

acima「上に」

O frete é grátis para compras *acima* de R$200.
200 レアル以上の買い物の送料は無料だ。

em volta **BR** **/ à volta** **PT**「周囲に」

Como estava frio, a gente resolveu ficar *em volta* da fogueira. **BR**

Como estava frio, a gente resolveu ficar *à volta* da fogueira. **PT**
寒かったので、僕らは焚き火の周りを囲むことにした。

aquém「下に」

O desempenho dos alunos ficou *aquém* do esperado.
生徒たちの取り組みは期待を下回った。

à esquerda「左に」 **/ à direita**「右に」

A imobiliária fica *à esquerda* [*à direita*] do banco.
不動産屋は銀行の左側 [右側] にある。

longe「遠くに」

Ele mora muito *longe* e por isso raramente vem nos visitar. **BR**

Ele mora muito *longe* e por isso raramente nos vem visitar. **PT**
彼の家は遠いので、稀にしか私たちを訪ねてこない。

Ⅵ　数量・程度の副詞

● muito「とても／よく」

Este aluno estuda *muito*.　この生徒はよく勉強する。（動詞を修飾）

Este aluno é *muito* estudioso.　この生徒はとても勤勉だ。（形容詞を修飾）

Este aluno estuda *muito* bem.
この生徒はとてもよく勉強する。（副詞を修飾）

● pouco「ほとんど…ない」

　　Esta aluna estuda *pouco*.　この女子生徒はほとんど勉強しない。

　　Esta aluna é *pouco* estudiosa.　この女子生徒は全く勤勉でない。

　um と組み合わせると「少し」という肯定的な意味合いになります。

　　Esta aluna estuda *um pouco*.　この女子生徒は少し勉強する。

　　Esta aluna é *um pouco* estudiosa.　この女子生徒は少しは勤勉だ。

　ポルトガルでは um bocado という表現も口語レベルでは用いられます。

　　Esta aluna estuda *um bocado*. / Esta aluna é *um bocado* estudiosa.

　ただし、×Esta aluna estuda bocado. は認められません。

● algo「何か」

　「少し」の意味で副詞的に用いることがあります。ただしブラジルではあまり使
いませんし、ポルトガルでは皮肉めいた感じに聞こえます。

　　Esta sopa está *algo* fria.　このスープは少し冷めている。

● mais「より多く」

　　Ele é *mais* inteligente (do) que o pai.　彼は父親より頭がいい。

● menos「より少なく」

　　Eu trabalhei *menos* esta semana porque estava doente.
　　病気だったので、僕は今週は仕事を抑え気味にした。

● quão「どれほど」

　　Tu não sabes o *quão* difícil me é dizer-te isto. **PT**
　　君にこんなことを言うのがどれほど辛いかわかるまい。

● quanto...「…ほど」

　　Ele é tão pão-duro *quanto* o pai dele. **BR**　彼は父親どうようケチだ。

● tão...「…ほど」

　　Ele é *tão* casmurro como o pai. **PT**　彼は父親どうよう頑固者だ。

● demasiado「過剰に」

　ブラジルではフォーマルな表現です。

　　Ele mantém um estilo de vida *demasiado* caro.
　　彼は高価すぎるライフスタイルを維持している。

● bastante「十分に」

　　Gosto *bastante* de música clássica.　私はクラシック音楽がかなり好きだ。

● quase「ほとんど」

　　Ele *quase* perdeu o avião.
　　彼は飛行機に乗り遅れるところだった。(結果的には乗れたという含意)

●肯定の副詞としては sim「はい」、certamente, certo, decerto, exato「確かに」、realmente「実際に」があります。

    Tu és japonês? — *Sim. / Certo. / Exato.* 　君、日本人？―はい。

  この他、ポルトガル語では、質問に対し動詞を繰り返すことによって肯定するという方法も用いられます。強調する場合に sim を足すことも可能です。実際の会話では sim 単独ではあまり使われないのです。

    O Pedro está aí? — *Está.* 　ペドロはそこにいますか？―はい、いますよ。

●ポルトガル用法では、動詞の前に pois を加えることもあります。ですが特殊な文脈での使用ですから注意が必要でしょう。なお、pois は相手の言うことに相づちを打つために使用されることの多い語です。

    Mas afinal o senhor é professor? — *Pois sou.* **PT**

    でもやっぱり先生なんですよね？―ええ、そうですとも。（苛立ちとともに）

  また、動詞を省略してしまうことも可能です。

● já が含まれる質問文への返事

  肯定の答えは já を用います。sim だけで答えてもよいですが、その後に mas があることを推測させる可能性もあります。

    Já estiveste no Brasil? — *Já.* 　ブラジルに行ったことはある？―うん。

    O senhor conhece o Brasil?

    — Sim, mas não tanto. / Sim, mas não muito. /Sim, mas não tanto assim.

    ブラジルを知っていますか？―ええ。でもそれほどは詳しくありません。

  否定の場合は、ainda não「まだです」を用います。

●否定の副詞

  質問に対しては、否定の場合は não で答えます。

    Já leu o jornal de hoje? — *Não*. Ainda não (o) li.

    今日の新聞、もう読んだ？―いいや、まだだよ。

  原則として、否定は動詞の前で行われます。

    Eu *não* sou capaz de ouvir tantas coisas ao mesmo tempo.

    私は同時にそんなにたくさんのことは聞けません。

  次の文では「カルロスのため」という句を否定しています。

    Escrevi esta carta para ti, *não* para o Carlos.

    僕はこの手紙はカルロスではなく、君宛てに書いた。

●他に nem, nunca, de forma alguma, de maneira nenhuma, de modo nenhum, de jeito nenhum などがあります。

● pois não はポルトガルとブラジルでちがった意味で用いられます。

O senhor não é advogado, *pois não*? **PT**

あなたは弁護士ではないですよね。

Me diga seu nome, por favor. — *Pois não*. Meu nome é Taro Yamada. **BR**

お名前をお願いします。―もちろん。山田太郎です。

●ブラジルでは、動詞の後で não を繰り返すことがあります。

O Robson vem? — Ele não vem, *não*.

ロブソンは来るの？― 彼は来ませんよ。

　最初の não を消してしまうことさえあります。つまり３つの選択肢があることになります。

Não sei. / Sei não. / Não sei não.　わからない。

　質問の答えに３つの "não" が現れることも可能です。

Você sabe onde fica o banco? — *Não*, *não* sei *não*, desculpas.

銀行の場所、わかる？―いや、わからない。ごめん。

　ポルトガルでは、"não, não sei não" あるいは "não sei não" はきわめて強調的であり、"sei não" はけっして用いられません。

●否定の意味を持つ不定語が動詞に前置されるとき、não は不要です。

Ninguém é perfeito.　誰も完璧ではない。 ×Ninguém não é perfeito.

　逆に動詞に後置された場合は não が必要になります。

Ainda *não* chegou ninguém. [Ninguém chegou ainda.]　まだ誰も来ない。

● nem には「…さえも」という意味があります。

Nem ele respondeu à minha pergunta.

彼でさえも私の質問に答えてくれなかった。

●強い否定を表わす nunca, de maneira nenhuma, de modo algum, de jeito nenhum の意味は似ていますが、de jeito nenhum はポルトガルではあまり用いられません。

第22章 接続法現在

I 接続法とは

直説法と異なり、接続法は文の主節で用いられることは通常はなく、従属節（主に接続詞 que の後）で用いられ、願望、喜び、悲しみ、恐怖、心配、選好、必要、命令、助言、許可、禁止、妨害、不信、可能性、蓋然性、不確実、疑念、否定、推測、仮定、条件、不特定、不定などのさまざまな概念を表わします。

従属節には、「名詞節」「形容詞節」「副詞節」の３種類があります。

●接続法の時制

接続法には３つの単純時制（現在、過去、未来）と３つの複合時制（現在完了、過去完了、未来完了）があります。接続法を用いる従属節のうち、名詞節は接続法未来（未来完了）を許容しませんが、形容詞節および副詞節は過去、現在、未来すべての時制を許します。

どの時制になるかは、主節の直説法動詞の時制が重要な決め手となります。

Eu esperava que eles <u>viessem</u>.　彼らが来ることを期待していた。

主節の動詞が esperava という未完了過去になっているので、従属節の動詞も viessem というやはり未完了過去になっています。

II 接続法現在の活用

●規則活用

直説法現在１人称単数形から作ります。falar なら (eu) falo が基になります。-ar 動詞の場合は語尾の -o を、-e, -es, -e, -emos, -eis, -em によって置き換えます。-er 動詞と -ir 動詞は語尾 -o を -a, -as, -a, -amos, -ais, -am によって置き換えます。

直説法現在で不規則動詞であっても、次の動詞は接続法現在では規則的に形成することが可能です。

caber, cair, crer, dizer, dormir, fazer, ler, medir, ouvir, passear, pedir, perder, poder, pôr, requerer, sair, seguir, sorrir, ter, trazer, valer, ver, vir

falar → eu falo	
que eu fal**e**	que nós fal**emos**
que tu fal**es**	que vós fal**eis**
que ele fal**e**	que eles fal**em**

beber → eu bebo	
que eu beb**a**	que nós beb**amos**
que tu beb**as**	que vós beb**ais**
que ele beb**a**	que eles beb**am**

abrir → eu abro

que eu abr**a**	que nós abr**amos**
que tu abr**as**	que vós abr**ais**
que ele abr**a**	que eles abr**am**

dizer → eu digo

que eu dig**a**	que nós dig**amos**
que tu dig**as**	que vós dig**ais**
que ele dig**a**	que eles dig**am**

●綴り字が変わる動詞

–cer, –ger, –gir, –guer, –guir, –çar, –car, –gar で終わる動詞は綴り字が変わります。

conhecer: que eu conhe**ça**, tu conhe**ças**...
eleger: que eu ele**ja**, tu ele**jas**...
corrigir: que eu corri**ja**, tu corri**jas**...
reerguer: que eu reer**ga**, tu reer**gas**...
extinguir: que eu extin**ga**, tu extin**gas**...
começar: que eu come**ce**, tu come**ces**...
focar: que eu fo**que**, tu fo**ques**...
estragar: que eu estra**gue**, tu estra**gues**...

●不規則活用

dar

que eu dê	que nós demos
que tu dês	que vós deis
que ele dê	que eles deem

estar

que eu esteja	que nós estejamos
que tu estejas	que vós estejais
que ele esteja	que eles estejam

haver

que eu haja	que nós hajamos
que tu hajas	que vós hajais
que ele haja	que eles hajam

querer

que eu queira	que nós queiramos
que tu queiras	que vós queirais
que ele queira	que eles queiram

ser

que eu seja	que nós sejamos
que tu sejas	que vós sejais
que ele seja	que eles sejam

saber

que eu saiba	que nós saibamos
que tu saibas	que vós saibais
que ele saiba	que eles saibam

ir

que eu vá	que nós vamos
que tu vás	que vós vades
que ele vá	que eles vão

Ⅲ 用法

　従属節で接続法を求める表現とともに用いられ、さまざまな概念を表します。接続法が使われる従属節には、「名詞節」「形容詞節」「副詞節」の3種類があります。

　接続法現在は「現在」あるいは「未来」に言及します。

　Eu espero que eles <u>venham</u>.　私は彼らが来ることを期待する。

1　名詞節での用法

　名詞節は接続詞 que によって導かれることが通常です。非人称表現の主語になることもあれば、主動詞の目的語になることもあります。

●従属節で接続法を求める主な表現

(não) é necessário que...「…が必要である（ない）」

　É necessário que nós nos *conscientizemos* sobre o problema. 🇧🇷

　É necessário que nós nos *consciencializemos* do problema. 🇵🇹

　我々が問題に気づくことが必要だ。（必要）

(não) é preciso que...「…が必要である（ない）」

　É preciso que todos *leiam* os textos antes das aulas.

　全員が授業前にテキストを読むことが必要だ。（必要）

é duvidoso que...「…は疑わしい」

　É duvidoso que ele *seja* honesto.

　彼が正直か怪しいものだ。（疑念）

é bom que...「…は良い」

　É bom que você *cumpra* o prazo.

　君が〆切りを守るのは良いことだ。（選好）

é urgente que...「…が急務である」

　Penso que *é urgente que* se *faça* o teste.

　緊急に試験するべきだと私は思う。（義務）

achar lamentável que... 「…を残念に思う」

Acho lamentável que ele não *respeite* sequer (o) seu próprio pai. **BR**
彼が父親を尊敬しないのは嘆かわしいと思う。(悲しみ)

poder ser que... 「…がありうる」

Pode ser que chova amanhã.
明日は雨かもしれない。(可能性)

considerar interessante que... 「…を興味深いと思う」

Considero interessante que este assunto só *esteja* surgindo agora. **BR**
Considero interessante que este assunto só *esteja* a surgir agora. **PT**
この件が今になって表面化しているのは興味深いと思う。(興味)

exigir que... 「…を求める」

A lei *exige que apresentes* um pedido formal de autorização.
君が正式な許可申請を提出することを法は求めている。(命令)

fazer com que... 「…させる」

Mostrar os perigos da poluição *faz com que* as pessoas *tenham* mais cuidado.
汚染の危険を示すことは、人々がより注意するように仕向ける。(使役)

recomendar que... 「…を勧める」

As autoridades *recomendam que* todos *se vacinem*.
当局は、皆がワクチンを打つように勧める。(助言)

preferir que... 「…を好む」

Prefiro que te *vás* embora mais cedo. **PT**
Prefiro que você *vá* [tu *vás*] embora mais cedo. **BR**
君がもっと早めに立ち去る方が良いと思う。(選好)

dizer que... 「…するように言う」

O professor *diz que* todos *falem* mais alto. **PT**
先生はみんながもっと大きな声で話すように言う。(命令)

(não) esperar que... 「…と期待する (しない)」

Espero que ele não *apareça*.
彼が現れないことを期待する。(期待)

talvez ... 「おそらく…だろう」

Talvez ele *falte* ao trabalho na semana que vem.
おそらく彼は来週仕事を休むだろう。(推測)

tomara que... 「…ほしい」

Tomara que amanhã *faça* bastante sol.
明日は晴れてほしいものだ。（願望）

oxalá (que)... 「…するように」

ほとんど使用されず、ブラジルでは死語に等しいです。

Oxalá o avião não *chegue* atrasado.
飛行機が遅れて着きませんように。（願望）

Oxalá (que) tudo *corra* bem.
すべて上手くいきますように。（願望）

2　形容詞節における接続法

　関係代名詞 que で導かれ、名詞を修飾する形容詞節で用いられることがほとんどの場合です。関係代名詞 que 以下は直説法でも接続法でもありえますが、接続法を用いるのは修飾される名詞あるいは代名詞（先行詞）が「不定 (indefinido)」あるいは「非実在 (inexistente)」の場合です。

① Vamos comprar aquele carro que está ali. （直説法）
あそこにあるあの自動車を買おう。

② Vamos comprar um carro que *custe* menos (do) que o atual. （接続法）
今の自動車より安いのがあれば買おう。

③ Não conhecemos nenhum aluno que *fale* cinco línguas estrangeiras.
（接続法）
5 つの外国語を話すような生徒を我々は一人も知らない。

　①の例文で、「あの自動車」は目に見えており特定できるので、従属節の動詞 estar は直説法となります。②では、自動車は話者の想像の中にあるだけで客観的に見て実在するかどうかわかりませんし、まだ特定できていません。よって従属節の custar は接続法なのです。あるいは、③では「一人も知らない」と否定していますから、falar はやはり接続法になります。

●形容詞節で接続法を用いる不定語・否定語

um / uma

Quero *um* quarto que *tenha* vista pro mar.
海を見晴らせるような部屋がほしい。

algum / alguma

Você conhece *alguma* criança que *goste de* comer verduras e legumes?
君は野菜類を食べるのが好きな子どもを誰か知っているかい。

nenhum / nenhuma

Não conheço *nenhum* outro texto que *faça* essa discussão.
その議論をしているようなテキストを僕は他に知らない。

alguém

Fique com *alguém* que te *respeite* como você é. BR
Fique com *alguém* que o *respeite* como você é. PT
ありのままの君を尊重してくれるような誰かとともにいなさい。

ninguém

Não há *ninguém* que *domine* uma língua por completo.
言語を完璧にマスターできる人間なんて一人もいない。

algo

Eu evito ao máximo dizer *algo* que *possa* incomodá-lo de alguma forma.
なんらかの形で君に迷惑になるようなことは最大限言わないようにするよ。

nada

Dizem que não há *nada* tão ruim que não *possa* piorar. BR
Dizem que não há *nada* tão mau que não *possa* piorar. PT
これ以上悪くなりようのないことなど何もないと言われる。

qualquer

Qualquer que *seja* o resultado, estarei feliz.
結果は何であろうとも、私はハッピーだろう。

quem quer

Eu não conversarei com *quem quer* que *seja* sobre isso.
それに関しては僕は誰であっても話し合わないだろう。

3　副詞節における接続法現在

　接続法を用いる副詞節は、まだ実現しておらず、単に計画中、見込み、仮定、条件などに基づく動作あるいは状態を表わします。同じ副詞節で直説法を用いることができるケースも多々ありますが、その場合は意味の違いに注意する必要があります。

●接続法のみを用いる主な表現

antes que... 「…する前に」

Eu faço o trabalho *antes* mesmo *que* o professor me *solicite*.
先生に求められる前に、私は作業をしてしまう。

a menos que... 「…でないならば」

Você não sairá de casa, *a menos que* você *termine* a lição.
宿題を済ませない限り、君は外出できないよ。

por mais... 「たとえ…ではあっても」

Por mais que eu *estude* inglês, nunca consigo comunicar com espontaneidade.
どんなに英語を勉強しても、私は自然体で意思の疎通ができない。

sem que... 「…することなしに」

Ele não conseguirá ser aprovado *sem que se esforce* muito.
大いに努力することなしに、彼は合格することはないだろう。

a fim de que... 「…するために」

Precisamos unir nossos esforços *a fim de que* a empresa *possa* voltar a crescer. 🇧🇷 BR

Precisamos de unir nossos esforços *a fim de que* a empresa *possa* voltar a crescer. PT

会社がもう一度成長できるように、我々は力を合わせる必要がある。

embora ... 「…ではあるが」

現実のことであっても接続法を用います。

Embora eu *esteja* cansado, não consigo dormir bem.
疲れているのだけれど、よく眠れない。

nem que... 「…であるにもかかわらず」

Eu não vou sair hoje *nem que* a vaca tussa.
僕は今日はけっして外出するつもりはない。

no caso (de) que... 「…の場合は」

Caso ele *repita* o erro, será demitido.
ミスを繰り返したら、彼はクビだ。

●接続法と直説法ともに用いる表現

次の表現は、直説法、あるいは接続現在、接続法過去を取ります。法の使い分けによる意味の違いをつかみましょう。

de forma que... 「…のために」

É melhor preparar tudo com antecedência, *de forma que possamos* prevenir eventuais imprevistos. （接）
予期せぬ出来事に備えられるように、すべて前もって準備するほうがいい。

Ele está exausto, *de forma que* não *tem* ânimo para ir à festa. （直）
彼は疲れ切っている、だからパーティーに行く元気がない。

desde que... 「…でさえあれば」

Ele poderá assumir o cargo *desde que comprove* proficiência em inglês.

（接）

英語の能力を証明できさえすれば、彼はその任につくことができるだろう。

O meu irmão mora em Macau *desde que assumiu* um cargo na universidade.（直）**PT**

大学で役職について以来、兄はマカオに住んでいる。

até que... 「…まで」

Eu vou trabalhar *até que* o dia *amanheça*.（接）

夜が明けるまで、私は働くつもりだ。

命令法は「命令」「依頼」「推薦」「招待」「忠告」「懇願」などを表し、接続法の形が使われます。1 人称単数はありません。

> *Vamos.* 行こう。　　*Corra!* 走れ！
> *Perdoe-nos.* 私たちを許してくれ。
> *Façam o que digo.* 私が言うことをしなさい。

I　活用形

● tu に対しては、直説法現在の語尾 -s をとった形になります。
> *Fala* mais devagar. もっとゆっくり話せよ。

● vôce, o senhor / a senhora に対しては接続法現在を用います。
> *Pare* com isso. そんなことはやめなさい。

● vôces, os senhores / as senhoras に対しては接続法現在を用います。
> *Corram* mais depressa! もっと速く走れ！

● 1 人称複数では、接続法現在を用います。「…しよう」の意味になります。
> *Façamos* um pequeno descanso. 少し休憩にしよう。

II　否定命令

否定命令はいずれも接続法現在を用います。
> Não *chores* mais, Maria. マリア、それ以上泣かないで。
> Não *bebamos* vinho hoje à noite. 今夜はワインを飲まないようにしよう。
> Não *vejam* este programa de televisão.
> このテレビ番組を見ないでください。

第24章 接続法未完了過去／完了過去／過去完了

I 接続法未完了過去の活用

　直説法完了過去単純形の３人称複数形と同じ語根を持ち、語尾を –ram の代わりに、–sse, –sses, –sse, –ssemos, –sseis, –ssem を付します。

直説法完了過去３人称複数形の語根 +

–sse	–ssemos
–sses	–sseis
–sse	–ssem

amar → eles amaram

que eu ama**sse**	que nós amá**ssemos**
que tu ama**sses**	que vós amá**sseis**
que ele ama**sse**	que eles ama**ssem**

aprender → eles aprenderam

que eu aprende**sse**	que nós aprendê**ssemos**
que tu aprende**sses**	que vós aprendê**sseis**
que ele aprende**sse**	que eles aprende**ssem**

abrir → eles abriram

que eu abri**sse**	que nós abrí**ssemos**
que tu abri**sses**	que vós abrí**sseis**
que ele abri**sse**	que eles abri**ssem**

II 接続法未完了過去の用法

1 主節の動詞との時制の一致

　接続法の使用が求められる構文で、主節の動詞の時制が未完了過去、完了過去、過去完了、過去未来の場合に、従属節の接続法は未完了過去形となります。(「半過去」とも呼びます) 接続法を求める表現については、「第22章　接続法現在 III 用法」を参照。

　Era necessário que tu *fizesses* exercício físico. **PT**
　君は運動をする必要があった。

　Seria bom que não *houvesse* barulho na sala de aula.
　教室には雑音がないのが好ましいのだが。

2 仮定法の用法

現在・未来の事実に反する仮定を表す従属節で接続法未完了過去が用いられます。主節には条件法（過去未来）あるいは直説法未完了過去が用いられます。

●かつてブラジルでは主節に過去未来が用いられることが多かったのですが、最近は未完了過去が日常会話では好まれるようになりました。

●仮定を表す従属節は se を用いることが多いです。

Se *fosse* rico, eu compraria uma casa no campo. **BR**
Se *fosse* rico, eu comprava uma casa no campo. **PT**
裕福ならば、地方に家を買うのだが。

O Brasil seria um país mais justo se a riqueza *fosse* mais bem distribuída.
富がよりよく分配されれば、ブラジルはもっと真っ当な国だろう。

● se 以外の仮定表現を使うこともできます。

caso

Caso fizesse bom tempo, eu iria ao clube, mas, como está chovendo, vou ficar em casa. **BR**
もし天気がよければクラブに行くのだが、雨が降っているので、家にいるつもりだ。

動詞＋主語＋ e（かなりフォーマルで格式張った言い回し）

Estudassem vocês com afinco *e* conseguiam logo um bom resultado. **PT**
Estudassem vocês com afinco, logo conseguiriam um bom resultado. **BR**
もし君たちが熱心に勉強するならば、すぐに良い結果を出せるだろうが。

Ⅲ 接続法完了過去

活用は ter の接続法現在形＋過去分詞です。
完了過去形は、おそらく過去において完了したと想定される事実に言及します。

Espero que vocês *tenham passado* no exame.
君たちが試験に合格したことを期待している。

Rezamos para que (a) nossa casa não *tenha sido* destruída.
私たちの家が壊されなかったように祈っている。

●接続法未完了過去形と完了過去形のちがい

接続法未完了過去形と接続法完了過去形の両方をとれる表現がありますが、その意味は異なりますので、注意が必要です。

① Talvez *fosse* eu o primeiro a sair do local de trabalho.（未完了）
② Talvez *tenha sido* eu o primeiro a sair do local de trabalho.（完了）
おそらく職場を最初に出たのは私だっただろう。

この 2 文はどう異なるのでしょうか。未完了過去形を用いた①の文では、「私」が最初に職場を後にしたかどうかはっきりとしませんが、おそらくは違います（実現しなかった仮説）。②の完了過去形の方は、「私」が最初に出た可能性が高いのです。

Ⅳ　接続法過去完了

ter の接続法未完了過去形＋過去分詞でつくります。接続法大過去とも呼びます。

過去の事実に反する仮定は、接続法過去完了を用いて表します。主節は過去完了形（大過去）の複合形を用います。つまり、以下のように表します。

PT se + ter の接続法未完了過去形 + 過去分詞 ,
　　　ter の直説法未完了過去形＋過去分詞

BR se + ter の接続法未完了過去形 + 過去分詞 ,
　　　ter の直説法過去未来形＋過去分詞

Ele não era rico, mas *se tivesse sido*, teria viajado pelo mundo inteiro. **BR**
Ele não era rico, mas *se tivesse sido*, tinha viajado pelo mundo inteiro.
PT

　彼は裕福ではなかったが、もしそうだったならば、世界中を旅しただろう。

口語レベルで、文脈から過去に言及していることが明白な場合は、複合形ではなく単純形でも間違いではありません。

●仮定を表すには、se 以外の表現を用いることも可能です。ひとつは「…の場合」を意味する no caso de を用い、いまひとつは se を省略します。

No caso de *ter chegado* mais cedo, o senhor *teria* podido assistir ao jogo de futebol. **BR**
No caso de *ter chegado* mais cedo, o senhor *tinha* podido assistir ao jogo de futebol. **PT**

　もっと早く着いていた場合は、あなたはサッカーの試合を観戦することができたでしょう。

Tivessem saído mais cedo, vocês *teriam pegado* o trem anterior. **BR**
Tivessem saído mais cedo, vocês *tinham apanhado* o comboio anterior.
PT

Tivessem partido mais cedo e (já) *tinham* apanhado o comboio anterior.
PT

　もっと早く出発していたならば、君たちは一本前の電車に乗れただろうに。

I 接続法未来の活用

接続法未完了過去と同じく、直説法完了過去単純形の3人称複数形と同じ語根を持ちます。語尾は –ram の代わりに、–r, –res, –r, –rmos, –rdes, –rem を付します。規則変化の場合は人称不定詞と同形になります。

直説法完了過去単純形の
3人称複数形の語根 +

–r	–rmos
–res	–rdes
–r	–rem

amar → eles amaram

que eu amar	que nós ama**rmos**
que tu ama**res**	que vós ama**rdes**
que ele amar	que eles ama**rem**

aprender → eles aprenderam

que eu aprende**r**	que nós aprende**rmos**
que tu aprende**res**	que vós aprende**rdes**
que ele aprende**r**	que eles aprende**rem**

abrir → eles abriram

que eu abri**r**	que nós abri**rmos**
que tu abri**res**	que vós abri**rdes**
que ele abri**r**	que eles abri**rem**

sair, construir はアクセント記号が必要になります。

sair → saíram

que eu sair	que nós sairmos
que tu saíres	que vós sairdes
que ele sair	que eles saírem

construir → construíram

eu construir	que nós construirmos
tu construíres	que vós construirdes
ele construir	que eles construírem

II 用法

接続法未来は、条件、時間、比較を意味する陳述の従属節、さらに関係詞節で用いられます。ただし名詞的従属節では用いられません。条件や時間の陳述では未

来に関する仮定の意味を持ちますが、接続法未完了過去と異なり実現可能性はあると見なされます。

主節においては、直説法未来、直説法現在、あるいは命令形が使われます。接続法未来形の動詞が意味する行為や状態は、主節の動詞よりも先、あるいは同時に生じています。

1 条件を表す用法

se とともに用いられ、条件を表します。

Se *tiveres* tempo, vamos ao cinema. **PT**
Se você *tiver* tempo, vamos no cinema. **BR**
もし君に時間があるなら、映画に行こう。

Vamos à praia mesmo se não *estiver* sol.
晴れていなくても、ビーチに行こう。

● se の後には直説法現在も用いられます。その場合は se を quando で置き換えることも可能ですが、いつもの日常的なこと、あるいは実際にそうであることの場合に用います。ただし、母語話者にとっても違いはほとんど感じられません。

Ele lerá o livro se *quiser*.（接）もし望むなら、彼はその本を読むだろう。
Ele lê o livro se *quer*.（直）**BR** もし望むなら、彼はその本を読む。
Se ele *for* rico, consegue comprar um carro de luxo.（接）
（本当に金持ちかはわからないが）金持ちなら彼は高級車を買える。

Eu não tenho dinheiro para isso, mas, se ele *é* rico e *está* disposto a pagar, eu aceito.（直）
私にはそんなお金はないが、もし金持ちの彼が支払う気があるのなら、そうしよう。

2 接続法未来形を求める主な表現

●時間の陳述

quando... 「…するとき」

Quando você *encontrar* seu pai, manda meu abraço pra ele, tá? **BR**
Quando estiveres com o teu pai, dá-lhe um abraço da minha parte, tá? **PT**
お父さんに会う際は、僕からのハグを送ってくれよな。

todas as vezes que... 「…するたびごとに」

Todas as vezes que ele *disser* isso, eu vou desmenti-lo na hora.
彼がそう言う度ごとに、その場で訂正するつもりだ。

sempre que... 「…するときはいつも」

Sempre que você *quiser*, me ligue. **BR**

Sempre que (você) *quiser*, ligue-me. **PT**

好きなときいつでも電話してくれ。

logo que... 「…するとすぐに」

Logo que ele *chegar*, peça para ele entrar.

彼が着いたらすぐに、中に入るように言いなさい。

assim que... 「…するとすぐに」

Assim que eu *terminar* o trabalho, envio.　作業を終えたらすぐに、送るよ。

enquanto... 「…するあいだ」

Enquanto a massa não *cozer*, não tires o bolo do forno. **PT**

Enquanto a massa não *cozinhar*, não tire o bolo do forno. **BR**

パスタが茹であがらないうちは、ケーキをオーブンから取り出してはだめだよ。

●比較の陳述

como... 「…のように」

Faça *como* quiser.　好きなようにしなさい。

conforme... 「…にしたがって」

Envie os capítulos *conforme* você *for* terminando.

各章が終わるごとに送ってください。

3　関係節での用法

　接続法未来形が用いられることが多い関係詞には quem, de quem, o que, de que, onde, quanto(s), quanta(s) があります。よく用いられる表現を以下に挙げます。

quem

Quem estiver interessado em participar deve se inscrever antes. **BR**

Quem estiver interessado em participar deve inscrever-se antes. **PT**

参加に興味のある人は、前もって登録しなければならない。

de quem

Fale *de quem quiser*, mas com respeito.

誰のことでも話題にして構わないが、敬意をもって。

o que

Faça *o que quiser*.　好きなことをしなさい。

Faz *o que entenderes*! **PT**　君が良かれと思うことをしなさい。

onde

Coloque os livros *onde* melhor *couberem*.

最も収まりのよい場所に本をしまいなさい。

quanto(s)

Podem participar *quantos quiserem*.

望む限りの人数が参加できます。

Nós entrevistamos *quantos* candidatos *forem* necessários.

私たちは必要な限りの候補者と面接する。

seja quem for 「誰であっても」

Ninguém está autorizado a entrar atrasado, *seja quem for*.

たとえ誰であっても、遅れて入ることは許されない。

custe o que custar 「どんな犠牲を払っても」

Vou terminar isso hoje, *custe o que custar*.

どんな犠牲を払っても、今日中にそれを終わらせるつもりだ。

diga o que disser 「何を言おうと」

Diga o que disser, eu não mudarei (a) minha opinião. **BR**

Diga o que disser, eu não mudarei a minha opinião. **PT**

なんと言われようと、私は自説を変えるつもりはない。

Diga-se o que se disser, ela foi uma grande mulher. **PT**

誰がなんと言おうと、彼女は偉大な女性だった。

venha quem vier 「誰が来ようとも」

O capitão disse que o time está preparado para enfrentar todos, *venha quem vier*. **BR**

O capitão disse que a equipa está preparada para enfrentar todos, *venha quem vier*. **PT**

主将は、誰が来ようとも、チームは誰とでも戦う準備ができていると語った。

Ⅲ　接続法未来完了

　接続法未来完了形は、ter（まれに haver）の接続法未来形＋過去分詞で形成することができます。複合未来とも呼ばれます。

　接続法未来形と未来完了形は、同じコンテキストで用いることができますが、完了形はその「完了」のニュアンスをはっきりと出せます。

Me ligue [liga] quando chegar [*tiver chegado*]. **BR**

Ligue-me quando chegar [*tiver chegado*]. **PT**

着くと（着いたら）すぐに電話してください。

さらに、次のようなニュアンスの違いもあります。

Liga-me quando *tiveres chegado*.
（すぐでなくても良いが）着いたら…

Liga-me quando chegares.　着いたらすぐに…

●このように接続法未来完了形が用いられるのは、主節の動詞が未来時制あるいは命令形のときであり、その主節の動詞が意味する行為や状態よりも前に接続法の動詞が完了している場合です。

Voltem quando *tiverem acabado* o trabalho.

Voltem quando *acabarem* o trabalho.

仕事を終えたら、戻っておいで。

Ⅳ　時制に注意が必要な表現

次の接続詞（句）は、意味が未来に関することであっても接続法未来を伴うことはなく、接続法現在を伴います。

antes que... 「…する前に」

Antes que ele *cometa* um erro, vou alertá-lo.

彼がミスを犯す前に、注意を喚起しておこう。

até que... 「…までに」

Ele trabalhará *até que* o chefe o libere. **BR**

Ele trabalhará *até que* o chefe o liberte. **PT**

上司がいいと言うまで、彼は働くだろう。

onde quer que... 「どこで…しようとも」

Onde quer que ele *esteja*, certamente estará melhor do que aqui.

彼はどこにいようとも、間違いなくここにいるより元気になるだろう。

a não ser que... 「もし…でないのなら」

Você não poderá sair, *a não ser que termine* (o) seu trabalho antes. **BR**

Tu não poderás sair, *a não ser que termines* o teu trabalho antes. **PT**

先に仕事を終えることなしに、君は外出することはできない。

contanto que 「もし」

Contanto que ele não me *perturbe*, pode ficar na sala.

私の邪魔をしないならば、彼は部屋にいても良いですよ。

a menos que... 「もし…でないのなら」

A menos que você *queira* sair da empresa, é melhor respeitar as regras.

君が会社を辞めたいわけでもないのなら、規則を守るほうが良い。

第26章 前置詞

外国人学習者を悩ませるのが前置詞の用法です。本章では、ポルトガル語の主要な前置詞 a, com, de, em, para, por, sem などを中心として、前置詞の用法を確認しておきます。

I それぞれの前置詞の用法

● a

「方向/到達点」

Vocês vão *ao* Brasil?　君たちはブラジルへ行くの？

「場所/位置」à esquerda, à direita, ao pé de, à mesa

O restaurante fica *à esquerda* do banco.　レストランは銀行の左側にある。

O acidente aconteceu porque o motorista não viu que o ciclista estava *à direita*.

事故は自転車が右側にいるのが運転手に見えなかったので起こってしまった。

「距離」

A praia fica *a* 5 km daqui.　ビーチはここから5キロのところにある。

「時間/時点」

A que horas chega o avião? ― O avião chega *às* duas da tarde.

飛行機は何時に着きますか。―飛行機は午後2時に着きます。

ブラジルでは Que horas chega o avião? と前置詞が省かれるケースも多いです。ポルトガルでは前置詞を省略しません。

「動作の方向（間接目的語の前で）」

Dou esta flor *à* minha namorada.　この花を恋人に贈る。

● ante / antes de「…の前に/で」

Ante a situação insustentável, ele optou por renunciar ao cargo.

耐え難い状況を前に、彼は役職を辞することを選んだ。

● após「…の後で/に」

Você deve beber muita água *após* a corrida.

レース後、君は水をたくさん飲まねばならない。

● até「…まで」

ポルトガルでは前置詞 a とともに用いられる傾向が強い。

Siga em frente *até* o restaurante. Minha casa fica à esquerda desse restaurante. BR

Siga em frente *até ao* restaurante. A minha casa fica à esquerda desse restaurante. **PT**

レストランまでまっすぐ進んで。僕の家はレストランの左側にあるから。

● com

「同伴」

A Helena veio *com* o marido.　エレーナは夫と一緒に来た。

「所有」

Eles chegaram a casa **PT** [em casa **BR**] *com* as compras para o mês todo.

彼らは一ヶ月分の買い物を持って帰宅した。

「年齢」

Ele está *com* 55 anos.　彼は 55 歳だ。

「方法／手段」

O José escreve *com* a mão esquerda.　ジョゼは左手で書く。

「原因／理由」

Vários pontos da cidade alagaram *com* a chuva de ontem.

昨日の雨で街の数カ所が洪水に見舞われた。

「道具」

Ele se feriu *com* a faca. **BR** / Ele feriu-se *com* a faca. **PT**

彼はナイフでけがをした。

「状態」

Ele está *com* febre.　彼は熱がある。

Ela está *com* sede.　彼女はのどが渇いている。

● contra 「…に対して／反して」

Votei *contra* a proposta do meu amigo.

私は友人の提案に反対票を投じた。

● de

「起点」

Ele chegou *de* Lisboa.　彼はリスボンから到着した。

「所有／所属」

Este livro é *do* Pedro?　この本はペドロのものですか？

「出身／出所」

Ele é *da* Bahia.　彼はバイーア出身だ。

「材料」

A casa *de* madeira ardeu com o incêndio.
木の家は火災で燃えてしまった。

「原因」

Queria ver o jornal, mas acabei dormindo *de* cansaço. 🇧🇷

Queria ver o jornal, mas acabei por adormecer *de* cansaço. 🇵🇹
新聞を見たかったけれど、疲労で寝てしまった。

「方法／手段」

Eles foram a S. Paulo *de* carro.　彼らは自動車でサンパウロに行った。

「話題」

Conta *da* sua viagem. Como foi? 🇧🇷

Conta-me *da* tua viagem. Como foi? 🇵🇹
君の旅行について話せよ。どうだった？

● desde「出発点（時間・場所）」

Não nos víamos *desde* 2001.　私たちは 2001 年以来会っていなかった。

● em

「場所」

Eu estou agora *na* China.　私は今中国にいる。

「時間」

Ele vai voltar *em* cinco minutos.　彼は 5 分後に戻ってくる。

「状態」

Depois da morte da esposa, ele entrou *em* depressão.
妻の死後、彼はうつ状態になってしまった。

「分配」

A herança foi dividida *em* partes iguais.　遺産は均等に分与された。

● entre「…の間に」

Não há segredos *entre* mim e meu irmão.　私と兄の間には秘密はない。

● para

「方向／行き先」

Você vai *para* o Japão?　君は日本へ行くの？

「目的」

Ele aprende português *para* conhecer melhor o Brasil.
彼はブラジルをよりよく知るためにポルトガル語を学んでいる。

「意見」

Para mim, ele errou muito.　私の意見では、彼はひどいミスをした。

「効用（…に対して）」

A vacina *para* o H1N1 está sendo aplicada. **BR**

A vacina *para* o H1N1 está a ser aplicada. **PT**

新型インフルエンザ A 用のワクチンが適用されている。

「対象」

Este não é um livro *para* crianças.　これは子ども向けの本ではない。

● perante「位置（…の前に／で）」

Todos são iguais *perante* a lei.　万人は法の前で平等である。

● por

「原因／動機／目的」

Ele ficou triste *pela* separação.　彼は別れで悲しくなった。

「手段／道具」

O documento foi enviado *por* e-mail.

書類は E メールによって送信された。

「通過」

Nós fomos à praia *pela* estrada nacional.

私たちは国道を通ってビーチへ行った。

「交換」

Troquei (o) meu carro *por* um mais novo. **BR**

Troquei o meu carro *por* um mais novo. **PT**

私は新車に乗り換えた。

「時間（…の頃）」

Chego lá *pelas* quatro da tarde.　私は午後 4 時頃そこに着く。

「到達点」

Ele está com o cabelo *pela* cintura.　彼の髪の毛は腰の辺りまで届く。

「期間」

Estudou com afinco *por* cinco anos antes de passar no concurso.

選抜試験に合格する前に、彼は 5 年間必死に勉強した。

「頻度」

Corro três vezes *por* semana.　私は週に 3 回走る。

● sem「同伴（…なしに）」

Eu fui *sem* os pais.　私は両親なしで行った。

● sob「位置（…の下で）」

Deitado *sob* o céu azul, pus-me a relembrar a minha vida.

青空の下で横になり、わが人生を思い出し始めた。

● sobre

「位置（…の上で）」

O livro está *sobre* a mesa.　本はテーブルの上にある。

「対象（…について）」

Quero saber mais *sobre* você.　君についてもっと知りたい。

Ⅱ　前置詞の使い分け

1　a, para, em の違い

● a は移動先で短期滞在の意味を、para は長期滞在を意味します。しかしブラジルの口語では、長期・短期に関わらず、a の代わりに para が使われるようになってきており、さらに em が用いられることも少なくありません。

Eu vou *no* cinema hoje à noite. **BR**　私は今夜映画に行く。

（日常生活で vou ao cinema という人はブラジルでは減りつつあります。）

Ele vai *para* a França no fim do ano.　年末、彼はフランスに行く。

● 場所を示す次の表現では、ポルトガルでは a、ブラジルでは em が使われます。ただしブラジルでもフォーマルな形式では a が用いられます。

estar à mesa / estar na mesa, à janela / na janela, à frente de /
na frente de

O João *está na mesa*. **BR** / O João *está à mesa*. **PT**
ジョアンはテーブルについている。

さらに、ポルトガルでは a と em の使い分けもなされます。主語が人なのかどうかが重要です。

O João *está à mesa*.　ジョアンは食卓についている。

O jantar *está na mesa*.　夕食はテーブルに出されている。

Menina *estás à janela*.　少女よ、君は窓辺にいる。

O vaso de cravos *está na janela*.　カーネーションの花瓶は窓辺にある。

2　para と por の使い分け

どちらも「…のために」と訳せるため、特に注意が必要でしょう。以下の例文を対比させながら違いを身につけてください。

Eu vou *para* Paris.　私はパリへ行く。

Eu vou *por* Paris.　私はパリ経由で行く。

Eu vou *para* Paris (passando) *por* Londres.
私はロンドン経由でパリに行く。

O bolo foi feito *pelo* João.　ケーキはジョアンによって作られた。

O bolo foi feito *para* o João.　ケーキはジョアンのために作られた。

Para um adolescente de 15 anos, ele é maduro.

15 歳の少年にしては、彼は成熟している。

Por ser adolescente, ele é imaturo.　少年なので、彼は未熟だ。

　たとえば、Eu trabalho para o João. と Eu trabalho pelo João. はともに「ジョアンのために働く」ですが、**para o João** ではジョアンはたとえば上司の場合で、一方、**pelo João** ではジョアンが好きだから、もし好きでないなら働かないだろう、という含意になります。

Eu trabalho *para* ter dinheiro. / Eu trabalho (só) *pelo* dinheiro.

私はお金を得るために働く。

後者のほうは強調の度合いが増します。

Eu não me vendo *por* dinheiro.

私はお金で自分を売るようなことはしない。

この文は para は不可です。

Ⅲ　特定の前置詞を従える動詞

● a

acostumar-se a

Nunca *me acostumei a* ficar sozinho.

私は一人になることにけっして慣れはしなかった。

aprender a

Aprendeu a tocar piano aos seis anos.　6歳のとき、ピアノを習った。

atrever-se a

Como você *se atreve a* dizer isso? BR / Como te *atreves a* dizer isso? PT

よくもそんなことが言えるな？

dedicar-se a

O congresso *se dedicará a* pensar a infância a partir de múltiplas
perspectivas. BR

O congresso *dedicar-se-á a* pensar a infância a partir de múltiplas
perspetivas. PT

会議は複数の視点から幼年期を考えることに専念するだろう。

negar-se a

Ele *se negou a* falar durante o julgamento. BR

Ele *negou-se a* falar durante o julgamento. PT / BR

裁判の間、彼は話すことを拒んだ。

opor-se a

Não vou *me opor à* decisão da maioria, qualquer que seja ela. **BR**

Não me *vou opor à* decisão da maioria, qualquer que ela seja. **BR** / **PT**

（より頻繁、口語的）

どんなものであっても多数派の決定には反対しないつもりだ。

● com

casar(-se) com

O Vinicius vai *se casar com* a Rafaela no próximo sábado. **BR**

O Vinicius vai *casar-se com* a Rafaela no próximo sábado. **PT**

今度の土曜日、ヴィニシウスはラファエラと結婚する。

concordar com

Eu não *concordo com* este tipo de atitude.

この手の態度には私は賛成できない。

contentar-se com

Às vezes, acho que ele *se contenta com* pouco.

彼は滅多に満足しない、私はときどきそう思う。

encontrar-se com

Vou *me encontrar com* o Pedro em julho. **BR**

Vou *encontrar-me com* o Pedro em julho. **PT** / **BR**

私は7月にペドロと会う予定だ。

importar-se com

Ele não *se importa em* nada com você.

彼は君のことは気にもとめていない。

parecer-se com

Ele *se parece* muito *com* o pai. **BR**

Ele *parece-se* muito *com* o pai. **PT**

彼はすごく父親似だ。

preocupar-se com

Eu *me preocupo* muito *com* a saúde de minha avó. **BR**

Preocupo-me muito *com* a saúde da minha avó. **PT**

私は祖母の健康にやきもきしている。

sonhar com

Tenho sonhado todos os dias *com* as minhas férias.

毎日、休暇を夢見ている。

acabar de

Eu *tinha acabado de* chegar quando o telefone tocou.

電話が鳴ったとき、私は着いたばかりであった。

afastar-se de

Vou *me afastar dela*. Esta relação está me fazendo mal. **BR**

Vou *afastar-me dela*. Esta relação está a fazer-me mal. **PT**

彼女からは離れることにする。この関係は私にとってよくないのだ。

aproximar-se de

A polícia pediu para os transeuntes não *se aproximarem do* acidente.

警察は通行人に事故現場に近づかないように求めた。

arrepender-se de

Ele ainda vai *se arrepender de* ter largado o trabalho. **BR**

Ele ainda *se vai arrepender de* ter largado o trabalho. **PT**

彼はいずれ仕事を手放したことを後悔するだろう。

cansar-se de

Cansei de esperar e vim embora. **BR**

Cansei-me de esperar e vim-me embora. **PT**

待ちくたびれて、私は立ち去った。

depender de

A sua decisão *depende do* quê?

君の決断は何に依存するのかな？

desistir de

Vou *desistir da* viagem; os preços estão muito altos.

旅行はあきらめるよ。物価が高すぎる。

despedir-se de

Ela estava tão magoada que foi embora sem *se despedir de* ninguém.

BR

Ela estava tão magoada que se foi embora sem *se despedir de* ninguém.

PT

彼女はあまりに傷ついたので、誰にも別れを告げず立ち去った。

esquecer-se de

Esqueci de te contar: mudei de emprego! **BR**

Esqueci-me de te contar: mudei de emprego! **PT**

君に言い忘れていたよ。転職したんだ。

haver de

Eu *hei de* superar esta fase.
私はこの段階を乗り越えるつもりだ。

lembrar-se de

Você *se lembrou de* convidar o Joaquim? BR
Lembraste-te de convidar o Joaquim? PT
ジョアキンを招くことは忘れなかった？

precisar de

Precisamos uns dos outros para sermos felizes.
幸せになるために、私たちはお互いを必要としている。

rir-se de

Odeio quando ele fica *rindo de* mim. BR
Odeio quando ele fica a *rir-se de* mim. PT
彼が私をあざ笑うとき憎くなる。

tratar-se de

Trata-se de um tema sério e que merece ser discutido com calma.
重大で、冷静に議論すべきテーマである。

● em

acreditar em

Você *acredita em* Deus?　君は神を信じるかい？

confiar em

Não *confio* de maneira nenhuma *na* palavra dele.
彼の言葉は全く信じられない。

entrar em

Entrei no bar e quis logo sair. Estava lotado [muito cheio].
バールに入ったけれどすぐに出たくなった、人であふれていたんだ。

insistir em

Ele *insistiu no* assunto, embora eu não quisesse falar disso.
私は話したくなかったにもかかわらず、彼はその件にこだわった。

participar em/de

Estou *participando de* um grupo de estudos muito interessante. BR
Estou a *participar num* grupo de estudos muito interessante. PT
私はとても面白い研究班に参加している。

pensar em

Pensei em você o fim de semana todo. Como andam as coisas?

週末ずっと君のことを考えた。調子はどうなんだい？

● para

ligar para

Você *ligou para* (a) sua mãe hoje? **BR**

Você *ligou* à sua mãe hoje? **PT**

君は今日お母さんに電話した？

preparar-se para

Estou *me preparando para* a prova. **BR**

Estou a *preparar-me para* a prova. **PT**

私は試験の準備中です。

● por

apaixonar-se por

Ele *se apaixonou* perdidamente *pela* colega de trabalho. **BR**

Ele *apaixonou-se* perdidamente *pela* colega de trabalho. **PT**

彼は職場の同僚女性に我を忘れんばかりに恋をした。

interessar-se por

Ele não *se interessa por* política.　彼は政治に興味がない。

第27章 話法

　他の誰かが述べた言葉や思考を伝える方法を話法と言います。人が言ったことをそのまま伝える直接話法、それを話者自身の言葉によって言い直して伝える間接話法、さらにこれら2つの話法の中間に位置する自由間接話法があります。自由間接話法はかつては描出話法とも呼ばれました。

I　直接話法

●直接話法の文の作り方

dizer, falar, perguntar, responder などの動詞：－誰かが発した言葉

－（ダッシュ）の代わりに " "（aspas）も使われます。

　①' O Marcos disse: － Eu não quero estudar.
　マルコスは「(僕は)勉強したくない」と言った。

　② A Maria disse: － Estou chateada com você.
　「あなたにはうんざりよ」マリアが言った。

　③ O João garantiu : － Irei amanhã à escola.
　「明日は学校へ行く」ジョアンは約束した。

　④ O João preguntou-me : － O que é que queres beber? **PT**

　⑤ O João me preguntou : － O que você quer beber? **BR**
　「君は何を飲みたいの？」ジョアンは僕に聞いた。

II　間接話法

1　動詞の時制の変化
....

　上記の①の文を間接話法にすると以下になります。

　①' O Marcos disse *que (ele)* não *queria* estudar.

　2つの文を que でつなぎます。Marcos に言及する従属節の ele は任意です。注意すべきは、もとの Eu não quero estudar. というマルコスの発言が、その発言を誰かに伝えている今の時点よりも前に行われたという点です。ですから、マルコスの発言も過去のものとして扱い、従属節の動詞は未完了過去形になるのです。

　④' O João preguntou-me *o que (eu) queria* beber. **PT**

　⑤' O João me preguntou *o que eu queria* beber. **BR**
　引用文が未来時制なら、間接話法では過去未来が使われます。

　O Marcos disse : － Eu não estudarei.

　O Marcos disse *que (ele)* não *estudaria*.

なお、あまり無いケースだと思いますが、従属節内の querer が完了過去形の quis になることも可能ですが、その願望が完了したことになります。

> Ele disse que não foi isso o que *quis* dizer, mas acabou se expressando mal. **BR**
>
> Ele disse que não foi isso o que *quis* dizer, mas acabou por se expressar mal. **PT**
>
> そんなことを言うつもりではなかったと彼は言ったが、最後は上手には表現できなかった。
>
> Ele disse que estava morrendo de sede e, por isso, *queria* muito um suco gelado. **BR**
>
> Ele disse que estava a morrer de sede e, por isso, *queria* muito um sumo gelado. **PT**
>
> 喉が渇いて死にそうだと彼は言った、なので冷たいジュースを飲みたがっていた。

2　人称の変化

②は以下のようになります。

②' A Maria disse que *estava* chateada *comigo*.

時制を未完了過去にするのはもちろんですが、もとの「あなたにうんざりしている」の「あなた」は話者である「私」ですから、com você を comigo に変換する必要があります。

なお、estava の時制を変えて、A Maria disse que esteve chateada comigo. とした場合は、マリアの感情は過ぎ去った、あるいはすでにその感情を失っていたことを暗示します。

> Ela disse que *esteve* chateada *comigo*, mas depois entendeu que não havia motivos para tanto.
>
> 彼女は私にうんざりしていたと言ったが、その後、そんな理由がなかったと気がついた。

3　副詞の変化

③の場合は時の副詞にも注意が必要です。「明日」は、もとの発言の時点での「明日」の意味なので、「翌日」とします。また、現在未来は過去未来になります。

③' O João garantiu que *iria* à escola *no dia seguinte*.

O João garantiu que irá à escola amanhã. も可能ですが、対話の直後など特別な文脈です。

		直接話法	間接話法
代名詞	人称代名詞	eu, nós	ele / ela, eles / elas
		tu, vós	eu, nos
		me, nos	o, os, a, as, lhe, lhes, se
		te, vos	me, nos
	所有代名詞	meu, minha, nosso/-a, vosso/-a	seu / sua (dele, deles, dela, delas)
		teu, tua	meu, minha
	指示代名詞	este / esta / isto, esse / essa / isso	aquele / aquela / aquilo
動詞	現在形		未完了過去
	完了過去形		過去完了形
	未来形		過去未来形（条件法）
副詞	場所	aqui	ali（より近く）/ lá（より遠く）**BR** aí（より近く）ali（中間）lá（より遠く）**PT**
	時間	neste momento	naquele momento
		hoje	naquele dia
		amanhã	no dia seguinte
		ontem	na véspera
		agora	então
直接疑問			間接疑問

Ⅳ 時制が変化しない例

文脈によっては、間接話法内でも動詞の時制に変化は生じません。

A Maria disse que *está* chateada comigo.
マリアは（今もなお）うんざりしていると言った。

あるいは、たとえば友人からの電話で Estou aqui. Onde vocês estão? **BR** / Onde é que vocês estão? / Onde estão vocês? **PT** と言われた直後、この内容を私が別の友人に伝える際に、次のように言えます。

Ele disse que está aqui e está perguntando onde a gente está. **BR**

Ele disse que está aqui e está a perguntar onde é que a gente está. **PT**

Ele disse que está aqui e está a perguntar onde estamos. **PT**

彼はここにいるよと言って、そして僕たちがどこにいるのか尋ねている。

V 自由間接話法

　自由間接話法は近代文学でよく用いられます。直接話法と間接話法の中間に位置する話法であり、間接話法の伝達節（主語＋動詞＋ que）は省略されますが、残された文の動詞の時制、副詞、代名詞は間接話法のままです。文体的効果として、登場人物の声が語り手の声と融合し、que 以下の内容に客観性が生まれ、その結果として臨場感が増すのです。

　O professor disse: ― Haverá aula amanhã.（直接話法）

　先生は「明日は授業があるだろう」と言いました。

　O professor disse que haveria aula no dia seguinte.（間接話法）

　先生は、翌日は授業があるだろうと言いました。

　Haveria aula no dia seguinte.（自由間接話法）

　翌日は授業があるだろう。

第28章 人称不定詞

Ⅰ　2種類の不定詞

　ポルトガル語の不定詞には2種類あります。活用しない非人称不定詞と、活用を持つ人称不定詞です。

　前者が通常の不定詞のことで、主語の人称や数あるいは時制など動詞の文法カテゴリーによって形を変えることはありません（慣例に従い、こちらを「不定詞」と呼びます）。不定詞の表示は −r という語尾です。辞書に掲載されている形（動詞の原形）でもあります。ただし、現在と過去という2つの時制を持ちます。現在は単純形（falar, comer, partir など）であり、過去は助動詞 ter を用いた複合形（ter falado, ter comido, ter partido など）です。ter が不定詞となり、falar, comer, partir の方は過去分詞になります。

Ⅱ　人称不定詞の活用

　人称不定詞は主語の人称と数によって活用します。あくまで不定詞ですが、主語を明示できるのです。このことから活用不定詞とも呼ばれます。とはいえ、実際に活用するのは2人称単数 tu に対する −es、1人称複数 nós に対する −mos、2人称複数 vós に対する −des、3人称複数 vocês, eles, elas に対する −em で、これらの語尾を不定詞に付すことによって活用します。1人称単数と3人称単数は不定詞のままです。この活用語尾は規則動詞でも不規則動詞でもすべての動詞に共通です。なお、人称不定詞もやはり現在（単純形）と過去（複合形）があります。

人称不定詞　現在

eu falar	nós falar**mos**
tu falar**es**	vós falar**des**
você falar	vocês falar**em**
ele falar	eles falar**em**
ela falar	elas falar**em**

人称不定詞　過去

eu ter falado	nós termos falado
tu teres falado	vós terdes falado
você ter falado	vocês terem falado
ele ter falado	eles terem falado
ela ter falado	elas terem falado

　また、pôr の人称不定詞の活用は、アクセント記号 ＾ の有無に注意です。

　eu pôr, tu pores, ele pôr, nós pormos, vós pordes, eles porem

Ⅲ　不定詞の名詞化

　不定詞を名詞的（「…すること」）に使用することはポルトガル語で頻繁に見られます。そのとき、名詞であることをはっきりさせるために定冠詞 o を前置させることもあります。この場合、不定詞も人称不定詞も使えます。

　(O) *Fumar* faz mal à saúde.　喫煙は健康に悪い。

　(O) (Tu) *Falares* várias línguas estrangeiras é uma surpresa para todos.
　君がさまざまな外国を話すことはみんなにとっての驚きである。

　(O) (Nós) *Termos falado* com ele antecipadamente foi uma boa decisão.
　私たちが彼と前もって話しておいたことは良い決断であった。

Ⅳ　不定詞と人称不定詞の使い分け

　いつ不定詞を用い、いつ人称不定詞を用いるのか、厳密なルールを定めることは困難です。不定詞しか使われないケースもあれば、人称不定詞しか使われないケースもあり、さらに両方とも使えるケースもあるのです。

1　不定詞だけが許されるケース
●不定詞に主語がない場合、すなわち非人称的な文においてです。「誰が」ということは明示されません。

　É proibido *perder*.　敗北は許されない。
●不定詞が命令の意味で使用される場合も非人称的です。

　Não *fumar* nesta sala.　この部屋では喫煙しないこと。

　(=Não fumem nesta sala.)
●形容詞、名詞、動詞の補語になるときも非人称的です。不定詞に主語はありませんから活用できないのです。

　O Paulo é difícil de *persuadir*.　パウロは説得困難だ。

　Tu és difícil de *persuadir*.「君は説得困難だ」は容認されますが、×Tu és difícil de *persuadires*. は容認されません。一方で、Tu és difícil de te persuadires. は文法的には可能ですが、「君は自分自身を納得させることが難しい人間だ」という意味になります。

　Há **PT** [Tem **BR**] sempre mais um jogo a [para] *vencer*.
　常に勝つべき次のゲームがある。

　Ordenei *repetir* exercícios.　（私は）練習を繰り返すように命じた。
●動詞（＋前置詞）の後に別の動詞が続く表現で、2つの動詞の主語が同一のとき、不定詞が用いられます。

Acabamos de *chegar* aqui.　私たちはここに着いたばかりだ。

×Acabamos de *chegarmos* aqui.

Queremos *descansar* um pouco mais.　私たちはもう少し休憩したい。

×Queremos *descansarmos* um pouco mais.

Temos de *trabalhar* muito mais.　私たちはもっと仕事しないといけない。

×Temos de *trabalharmos* muito mais.

　同じタイプの動詞としては、poder, tencionar, pensar, dever, procurar, gostar de, dever, preferir, deixar de などがあります。

　ただし絶対的な規則ではありません。2つの動詞が離れている場合には、2番目の動詞が人称不定詞として活用されることがあります。

Podemos comer muitas coisas hoje em dia e *bebermos*....
今日では我々はたくさんのものを食べることができ、さらに飲むことも…。

2　人称不定詞の使用が義務づけられる場合

●非人称表現の後で不定詞の主語を明示した場合、人称不定詞を用いることができきます。

É melhor (tu) *estudares* mais.　君はもっと勉強する方がよい。

　注意してほしいのは、この文で代名詞 tu は発音しても（書いても）、発音しなくても（書かなくても）かまわないという点です。活用語尾 –es が主語が tu であることを明示しています。勉強する（estudar）のは、ほかの誰でもない「君（tu）」なのです。

É para eles *compreenderem* melhor.
彼らがもっとよく理解できるためにだ。

　× É melhor tu *estudar* mais. あるいは ×É para eles *compreender* melhor. というように不定詞を用いると非文法的になります。ただし、tu が3人称の活用をするブラジルの一部では容認されます。

●主動詞と不定詞の主語が異なる場合に人称不定詞が用いられます。

Eu não acho bem (vocês) *irem* embora tão cedo. BR
Eu não acho bem que (vocês) *vão* embora tão cedo. BR
私は君たちがそんなにも早く出発するのはいいと思わない。

　この文は、接続法を使っても表現できます。意味上の違いはないようですが、活用の容易さゆえか、人称不定詞を用いることが多いようです。

●主動詞と不定詞の主語が同一でも、主語が明示され、しかも主動詞が不定詞の後に現れるときは人称変化が必要です。主語が前にある場合は人称変化が求められるのです。

Eles, ao *entrarem* no quarto, começam a trabalhar.
彼らは、部屋に入るとすぐに、仕事を始める。

Eles, ao *entrar* no quarto, começam a trabalhar. **PT** は **BR** では容認され
ません。
●不定詞が受動態の場合も人称変化します。

Os palestrantes falaram alto para *serem* escutados pelo público.
聴衆に聞いてもらうためにパネリストたちは大声で話した。

×Os palestrantes falaram alto para *ser* escutados pelo público.

3 不定詞も人称不定詞も使えるケース
....
厳密な規則はないですが、どちらを選ぶかに関して慣例あるいは傾向はあります。
●不定詞が好まれるケース

不定詞の主語が不特定の場合

Ouvimos *dizer* [*dizerem*] que o governo ia demitir-se.
Ouvimo-los *dizer* [*dizerem*] que o governo ia demitir-se.
政府が辞職するらしいと聞いた。

不定詞が間接疑問構文内にあるとき

Muitos jovens não sabem por que *estudar* [*estudarem*]. **BR**
Muitos jovens não sabem porque *estudar*. **PT**
多くの若者はなぜ勉強するのかわかっていない。

名詞、代名詞の後の前置詞 a に先行される不定詞

Este prédio tem muita movimentação. Uns a *sair* [*saírem*], outros a
entrar [*entrarem*].
この建物は人の出入りが激しい。出る者もいれば入る者もいる。

●人称不定詞が好まれるケース

不定詞構文の主語と主動詞の主語が同一であり、その主語が不定詞よりも前で明示されていない場合

Depois de *comerem* [comer], eles vão sair.
食後、彼らは外出するだろう。

ser, estar, permanecer, ficar などの動詞の後に属詞があるとき

Há muitas coisas para *serem* [ser] ditas.
言われるべきことがたくさんある。

再帰動詞が相互性を表すとき

不定詞を認めない話者もいます。

Não lhes custa nada *escreverem-se* [escrever-se]. **BR**

Não lhes custa nada *escreverem-se* (uns aos outros). PT
互いに手紙のやり取りをするのは彼らにとってなんでもない。

使役を意味する動詞 **mandar, deixar** を用いた構文

不定詞は非人称的になりますが例外もあります。

O professor mandou *entrar* os alunos.

O professor mandou os alunos *entrar* [entrarem].
教師は生徒たちに入るよう命じた。

Deixei *descansar* um pouco os jogadores.

Deixei os jogadores *descansar* [descansarem] um pouco.
私は選手たちに少し休息させてあげた。

主節の主語と不定詞の主語が異なる場合

人称不定詞は主語を明示するので便利に使えます。

Depois de *almoçarmos*, ela partiu.
私たちが昼食を取った後で、彼女は出発した。

Depois de almoçar, ela partiu.
昼食の後、彼女は出発した。(昼食したのも彼女)

É necessário *trabalharmos* muito.　私たちがたくさん働く必要がある。

É necessário trabalhar muito. （誰とは言わず）たくさん働く必要がある。

Vi o cão antes de ir.　行く前に私は犬を見た。（「行く」のが誰かは不明瞭）

Vi o cão antes de *eu ir*. （「行く」のは私）

第29章 接続詞

　接続詞は不変化語で、文と文、文中にある節と節、句と句、語と語など文法的に対等な要素を結びつけ、それぞれの間に「等位」の関係、あるいは「主従」の関係を築きます。前者を等位接続詞、後者を従属接続詞と呼びます。

I　等位接続詞

● e「そして、と」　文と文、語と語をつなぎます。

> Ontem comi *e* bebi muito.　昨日、私はたくさん食べて、たくさん飲んだ。
> Chegaram o João *e* a Paula.　ジョアンとパウラが着いた。

● mas「でも、しかし」　文と文をつなぎます。

> Ontem comi muito, *mas* bebi pouco.
> 昨日、私はたくさん食べたがほとんど飲まなかった。

● porém / contudo / não obstante / todavia「けれども、しかしながら」
　これらの接続詞は文頭よりもむしろ文の最初の語の後で使われることが多いでしょう。

> A proposta foi boa. O Pedro, *porém*, não a aceitou.
> 提案はよかった。だが、ペドロは受諾しなかった。

> Estudámos muito, *porém* não passámos no exame. 🇵🇹
> 僕たちはたくさん勉強したけれど、試験には合格しなかった。

● ou「あるいは」　語と語、文と文をつなぎます。

> Futebol *ou* basebol? Qual preferes?　サッカーか野球。どっちが好き？

　ou... ou...「…か、…か」のように2つ続けることもあります。最初の ou はなくともよいです。

> (*Ou*)Vais, *ou* ficas?　君は行くかい、残るかい？

● nem...「もまた…でない」

> Não comemos *nem* bebemos.　我々は食べもしないし、飲みもしない。

　なお、nem を用いない Não comemos e não bebemos. には否定の強調のニュアンスはありません。

● nem... nem...「…でもないし…でもない」
　両方の nem の後の否定が強調されます。

> *Nem* fumamos *nem* bebemos, mas ficámos doentes.
> 我々は喫煙もしないし、酒も飲まない、でも病気になった。

● porque / pois / que「なので」

Venham todos, *porque* é urgente.　緊急なのでみんなおいで。

Não veio ninguém, *pois* chovia.

誰も来なかった、というのも雨が降っていたので。

● portanto / logo「というわけで」

Penso, *logo* existo.　我思う、ゆえに我あり。

Amanhã há mais um exame. *Portanto*, devo estudar muito.

明日は別の試験がある。だから、よく勉強しないといけない。

II　従属接続詞

　主節と従属節を結びつけるのが従属接続詞です。その中で最もよく用いられるのが que です。

Eu acho *que* o Japao jogou mal no jogo de ontem.

昨日のゲームで日本はよくないプレーをしたと思う。

Espero *que* amanhã faça bom tempo. **PT**

Espero *que* amanhã o tempo esteja bom. **BR**

明日は良い天気になることを期待する。

　que は他の語や句と組み合わされて複合従属接続詞になることもあります。

● para que / a fim de que...「…のために」

É preciso que você seja bem detalhista *para que* [*a fim de que*] tudo fique bem claro. **BR**

何もかもはっきりさせるために、君は細部にこだわる必要がある。

ポルトガルでは detalhista の代わりに detalhado を使う方が自然です。

Vou-me embora **PT** [Vou embora **BR**] *para que* possas descansar.

君が休めるように僕はお暇するよ。

　実際は、Vou-me embora para poderes descansar. のように人称不定詞を用いる方が多いでしょう。

● de forma que / de maneira que / de modo que...「…のために」

O hotel fica perto de uma estação de metrô, *de modo que* [*de forma que*] é possível chegar às principais atrações da cidade facilmente. **BR**

町の見所に簡単に着けるように、ホテルは地下鉄の駅の近くに位置する。

Escreve *de forma que* seja compreensível.

わかりやすくなるように書いてくれ。

Avisa-me a tempo *de modo que* eu possa estar presente. **PT**

僕が出席できるように、間に合うように知らせてくれ。

● a menos que / a não ser que... 「…でない限り」

Vou terminar o relatório nesta semana, *a menos que* [*a não ser que*] meu chefe me peça para dar prioridade a outro trabalho.

上司が他の仕事を優先するように言わない限り、今週中に報告書を仕上げるつもりです。

Ele chega sempre a horas **PT** [na hora **BR**] *a não ser que* haja um engarrafamento.

渋滞がない限り、彼はいつも時間通りに着く。

● ainda que / mesmo que... 「たとえ…であっても」

ainda que はポルトガルではあまり使用されません。

Ainda que [*Mesmo que*] ele me peça desculpas, eu não vou perdoá-lo.

許しを乞うたとしても、私は彼を許さない。

Mesmo que esteja frio, eu vou à praia.　寒いけれど、僕は海に行くよ。

● nem que... 「たとえ…であっても」

Não lhe perdoo, *nem que* me peça de joelhos.

跪いて頼んだとしても、彼を赦さない。

● contanto que... 「もし…ならば」

ポルトガルではあまり使用されません。ブラジルではフォーマルです。

Faremos isso com prazer, *contanto que* todos estejam de acordo.

もしみんなが賛成ならば、我々は喜んでそうするだろう。

● desde que... 「…以来」

Ele está a dormir **PT** [está dormindo **BR**] *desde que* cheguei.

僕が着いてから、彼は寝ている。

● sempre que... 「…するときはいつも」

Você pode ficar aqui em casa *sempre que* precisar.

必要なときはいつも、この家にいていいんですよ。

● sem que... 「…することなしに」

O gato entrou em casa *sem que* ninguém percebesse.

誰も気づくことなく、猫は家に入った。

● já que / visto que / dado que... 「…なので」

Visto que a adesão do público foi enorme, o festival vai continuar nos próximos anos.

客が大入りだったので、そのフェスティバルはこの先数年間は続くだろう。

● até que... 「…まで」

Ninguém sairá daqui *até que* tudo esteja devidamente esclarecido.

すべてがしっかりと明らかにされるまで誰もここから出てはならない。

● antes que... 「…する前に」

Vamos arrumar tudo *antes que* ela chegue.

彼女が着く前に、すべて片付けよう。

● depois que... 「…する後に」

Você pode me dar uma mãozinha *depois que* terminar o que está fazendo? BR

Você pode dar-me uma mãozinha *depois que* terminar o que está a fazer? PT

今やっていることが終わったら、ちょっと手を貸してくれる？

● assim que / logo que... 「…するとすぐに」

Assim que [*Logo que*] eu chegar lá, eu te aviso, tá bom? BR

Assim que [*Logo que*] eu chegar lá, eu aviso-te, tá bem? PT

あっちに着いたらすぐに知らせるよ、いいかい？

● no caso (de) que... 「…の場合は」

ブラジルではフォーマルで日常会話では用いられないようです。

No caso de que nenhum dos pais possa acompanhar o menor, este deverá ter uma autorização.

両親のどちらも未成年者に付き添えない場合は、許可証を所持しないといけない。

● caso... 「もし…ならば」

Caso você se perca no caminho, me liga que eu te ajudo a se localizar. BR

Caso te percas no caminho, liga-me que eu ajudo-te a localizares-te. PT

もし道に迷ったなら、電話してくれればどこにいるか教えてあげるよ。

● como... 「…なので」

Como eu estava muito cansado, acabei desistindo de ir viajar. BR

Como eu estava muito cansado, acabei por desistir de ir viajar. PT

とても疲労していたので、私は旅に出ることを諦めることにした。

● embora... 「たとえ…であっても」

O jogador não marcou nenhum ponto *embora* se tenha esforçado muito.

大いに奮闘したものの、選手はポイントを挙げることはなかった。

● enquanto... 「…する間」

Enquanto estava a chover, elas abrigaram-se na paragem de autocarro. **PT**

Enquanto estava chovendo, elas se abrigaram no ponto de ônibus. **BR**
雨が降っている間、彼女らはバス停で雨宿りした。

● quando 「…するとき」

Ele chegou a casa quando eu estava a acabar de tomar banho. **PT**
Ele chegou em casa quando eu estava acabando de tomar banho. **BR**
私が風呂から出ようとしているとき、彼は家に着いた。

● se 「もし」

Não sei o que vamos fazer se ele pedir mesmo demissão.
もし彼が本当に辞任を申し出るなら、いったいどうしたものか。

第30章 数詞

I 基数

「1」と「2」、「200」(duzentos) から「900」(novecentos) までは男性形と女性形があります。milhão と bilião(主に **PT**) / bilhão (主に **BR**) は単数形と複数形があります。

0 zero	10 dez	20 vinte
1 um / uma	11 onze	21 vinte e um(a)
2 dois/duas	12 doze	22 vinte e dois/duas
3 três	13 treze	30 trinta
4 quatro	14 catorze / quatorze*	40 quarenta
5 cinco	15 quinze	50 cinquenta
6 seis	16 dezasseis **PT** / dezesseis **BR**	60 sessenta
7 sete	17 dezassete **PT** / dezessete **BR**	70 setenta
8 oito	18 dezoito	80 oitenta
9 nove	19 dezanove **PT** / dezenove **BR**	90 noventa
		99 noventa e nove

＊「14」はポルトガルでは catorze のみ、ブラジルでは quatorze も catorze も使われますが、後者の方が多いでしょう。

100 cem	
101 cento e um(a)	1.001 mil e um(a)
102 cento e dois / duas	1.002 mil e dois / duas
200 duzentos / duzentas	1.200 mil e duzentos / duzentas
300 trezentos / trezentas	1.202 mil duzentos e dois / duzentas e duas
400 quatrocentos / quatrocentas	2.000 dois mil
500 quinhentos / quinhentas	10.000 dez mil
600 seiscentos / seiscentas	100.000 cem mil
700 setecentos / setecentas	1.000.000 um milhão
800 oitocentos / oitocentas	2.000.000 dois milhões
900 novecentos / novecentas	10.000.000 dez milhões
1.000 mil	100.000.000 cem milhões
	1.000.000.000 um bilhão **BR**
	1.000.000.000.000 um bilião **PT**

cem は名詞の前、あるいは数字を 100 倍するときに用いられます。Cem anos de solidão「100 年の孤独」、cem milhões「1 億」。cento は 101 から 199 まで、そして por cento (%) で用いられます。

cento e onze 111   cem por cento 100%

●小数点はヴィルグラを使います。

3,14 = três vírgula catorze (quatorze)

●温度の読み方

36º5 = trinta e seis graus e cinco décimos（正式な読み方）

しかし、より通常用いられるのは、trinta e seis vírgula cinco graus, trinta e seis graus e meio, trinta e seis e e meio, trinta seis e cinco などです。また、体温を測るときは trinta e sete graus e dois (37,2) となります。

20º5 = vinte graus e cinco décimos (vinte graus e meio)

−2 = dois graus abaixo de zero, dois graus negativos

●「○○番」というときは男性形を使います。número があると想定すればよいでしょう。

porta quarenta e dois   42 番ゲート

página trezentos e vinte e um   321 ページ

II 序数

1º primeiro	11º décimo primeiro / undécimo	21º vigésimo primeiro
2º segundo	12º décimo segundo / duodécimo	30º trigésimo
3º terceiro	13º décimo terceiro	40º quadragésimo
4º quarto	14º décimo quarto	50º quinquagésimo
5º quinto	15º décimo quinto	60º sexagésimo
6º sexto	16º décimo sexto	70º septuagésimo
7º sétimo	17º décimo sétimo	80º octogésimo
8º oitavo	18º décimo oitavo	90º nonagésimo
9º nono	19º décimo nono	100º centésimo
10º décimo	20º vigésimo	1000º milésimo

●男性単数形のみを例示しましたが、男性複数形は語末に s を付け、女性形は語末の -o を -a にします。短縮形は女性なら 1ª となります。

●序数は 20 まで覚えておけば日常生活では困ることはなく、それ以上は基数を用いればよいでしょう。ただし、centésimo, milésimo は日常生活でも使われることがあるので、覚えておいた方がよいかもしれません。また、ポルトガルでは、年齢が「60 歳代」「70 歳代」になると、A partir de hoje, sou sexagésimo /

septuagésimo!「今日から 60 ／ 70 代だよ」などと言ったりします。

● undécimo, duodécimo はほとんど使用されないと考えてよいですが、ポルトガルでは duodécimo が「12 分の 1」の意味で用いられることはあります。

●序数は後続する名詞と性と数の一致を起こします。

　　vigésimo sétimo campeonato　第 27 回大会

　　O português é a *quarta* língua mais falada do mundo!
　　ポルトガル語は世界で 4 番目に話者の多い言語である。

●教皇や王の代を表わすとき、1 から 10 までは序数を、それ以上は基数を用います。

　　Manuel II (= segundo)　マヌエル 2 世

　　Manuel XII (= doze)　マヌエル 12 世

　　Papa João Paulo II (= segundo)　教皇ヨハネ・パウロ 2 世

　　Papa João XXIII (= vinte e três)　教皇ヨハネ 23 世

●世紀に関しては基数を用いますが、1 世紀から 10 世紀までは序数も使用可能です。

　　O século um / primeiro　1 世紀　　o século quinze　15 世紀

●日付は基数を用います。「1 日」だけは序数も使われます。基数の前では dia を省略しないようにしましょう。もし dia を明示しない場合は基数の前に前置詞 a **PT**, em **BR** を付します。

　　o [no] dia primeiro de fevereiro / a um de fevereiro **PT** /
　　em um de fevereiro **BR**
　　2 月 1 日に

　　Os portugueses chegaram ao Brasil *em 22 de abril de 1500* [*no dia 22 de abril de 1500*]. **BR**

　　Os portugueses chegaram ao Brasil *a 22 de abril de 1500* [*no dia 22 de abril de 1500*]. **PT**
　　ポルトガル人は 1500 年 4 月 22 日にブラジルにたどり着いた。

Ⅲ　数詞の性と数

um ／ uma を除けば、その他は複数扱いです。

　　uma pessoa　一人　　três pessoas　3 人　　vinte e uma pessoas　21 人

ただし、zero に関してはポルトガルとブラジルでは扱いが分かれるようです。

　　zero hora **BR** / zero horas **PT**　零時

● 3 から 99 までは性の変化を起こしません。

　　trinta alunos e dez professoras　30 人の生徒と 10 人の女性教員

● 1 と 2 は性の変化があります。名詞の性に一致します。

　　uma mulher e dois homens　女性一人と男性二人

● cem, cento, mil は性の変化がありません。

    cem homens / mulheres　100 人の男性／女性

    cento e vinte e duas pessoas　122 人　quatro mil empresas　4000 社

● 200 から 900 は女性形があります。

    duzentas e trinta empresas　230 社

Ⅳ　注意すべき点

●大半の基数、序数は形容詞的であり、名詞に先行します。

    dois mil homens　2000 人の男性　　　　o terceiro homem　第 3 の男

●ブラジルでは、três との混同を避けるため、電話では seis の代わりに meia（meia dúzia ＝ 半ダース）が用いられます。

    623-2366 = meia-dois-três-dois-três- meia-meia

また、次のような番号なら、 2 桁ずつに区切ることもあります。

    (19) 9 9104-1900

      = dezenove − nove - noventa e um − zero quatro − dezenove − zero zero

●ポルトガルでは 9 ケタの番号が多いので、 3 桁ずつで切る人が多いです。

    214.409.953 = dois um quatro − quatro zero nove − nove cinco três

    あるいは、　　　= duzentos e catorze − quatro zero nove, nove cinco, três

● milhão と bilhão は名詞であり、他の数字によって修飾されます。名詞の前では前置詞 de が必要になります。

    um milhão de euros　100 万ユーロ　　dez milhões de ienes　1000 万円

    dois bilhões de reais　200 億レアル

●接続詞 e は、一の位と十の位の間、十の位と百の位の間で必要です。

    trinta e um　31　　　　　　　　　duzentos e vinte e um　221

  1000 より大きい数で下 3 ケタの中に 1 から 9 の数字が一つだけの場合は千の位と百の位の間で e を用います。

    mil e quinhentos = 1500　　　　　dois mil e trinta = 2030

    cinco mil e quatro = 5004

    mil quinhentos e cinquenta e um = 1551

下記の数詞は集合名詞として用いられるので扱いは単数です。

2 : um par, um casal　　　6 : meia dúzia　　　10 : uma dezena

12 : uma dúzia　　　15 : uma quinzena　　　100 : uma centena

1000 : um milhar

uma dezena de lápis (= dez lápis)　10 本の鉛筆

VI　分数

　　分母は 2 と 3 は独自の言い方があり、4 から 10 までは序数、11 以降は基数に avos をつけます。分子には基数を用います。

1/2 um meio (metade)　1/3 um terço　1/4 um quarto　1/5 um quinto

1/6 um sexto　　1/7 um sétimo　1/8 um oitavo

1/9 um nono　　　　　　　　　1/10 um décimo

1/11 um onze avos　　　　　　1/12 um doze avos / um duodécimo

1/20 um vinte avos　　　　　　1/100 um cem avos

2/5 dois quintos　　　　　　　5/8 cinco oitavos

3/13 três treze avos　　　　　15/1000 quinze mil avos

2/5 など、分子が複数なので分母も複数になることに注意が必要です。

●分母の部分を序数の女性形＋ parte(s) とすることもあります。

1/3 uma terça parte (um terço)　　3/5 três quintas partes (três quintos)

7/10 sete décimas partes (sete décimos)

VII　数式

四則演算は以下のように表現されます。

足し算 : cinco e cinco, dez / cinco mais cinco, dez　5+5=10

引き算 : oito menos quatro, quatro `PT` `BR`

　　　　quatro para oito, quatro `PT`　8-4=4

掛け算 : dois vezes três, seis　2x3=6

割り算 : vinte a dividir por cinco, quatro `PT` `BR`

　　　　vinte dividido por cinco, quatro `BR`　20÷5=4

第31章 接辞

　派生接辞（接頭辞および接尾辞）を覚えることで語彙力を増強できます。ここでは代表的なものを紹介することにします。

I　接頭辞

1　ギリシア語源

● an-, a-：「欠如」「否定」の意味を表わします。

　　anarquia 無政府状態　　anestesia 麻酔　　amoral 不道徳な　　ateu 無宗教の

● anti-：「反対、対立」の意味を表わします。

　　antidemocrático 反民主主義的な　　　　antirracismo 反人種主義

● ec- (ex-)：「外部への運動」の意味を表わします。

　　eclipse 消滅　　　　　　　êxodo 集団移動　　　　　exogamia 外婚制

　　exógeno 外発的な

● endo-, endó-：「内側」の意味を表わします。

　　endocrinologia 内分泌学　　　　　　　endógeno 内発的な

● epí-：「上部」「後方」の意味を表わします。

　　epiderme 表皮　　　　　epílogo 終章　　　　　epígrafe 碑文

● eu-, ev-：「快感」「良い」の意味を表わします。

　　eufemismo 婉曲語法　　euforia 多幸感　　　　evangelho 福音

● hemi-：「半分」の意味を表わします。

　　hemiciclo 半円　　　　　　　　　　　hemisfério 半球

● hiper-：「豊富、過剰」の意味を表わします。

　　hipersensível 過敏な　　　　　　　　hipertensão 高血圧

　　hipermercado ハイパーマーケット

● peri-：「周囲」の意味を表わします。

　　periférico 周辺的な　　　perímetro 周辺　　　　perífrase 婉曲表現

● pro-, pró-：「先行」の意味を表わします。

　　profecia 預言　　　　　　prólogo 序言　　　　　prognóstico 予言、予測

● sin-, sim-：「一致」の意味を表わします。

　　simpatia 共感　　　　　sinfonia 交響曲　　　　sincronia 共時性

● u-：「否定」の意味を表わします。

　　utopia 理想郷

2 ラテン語源

- a-, ab-, abs-：「分離」の意味を表わします。

  abdicar 放棄する　　　　abster 棄権する　　　　aversão 嫌悪

- ad-, a- (ar-, as-)：「接近」「方向」の意味を表わします。

  adjunto 結合した、補助の　abeirar 近づく　　　arribar 到着する

  assentir 同意する

- bi-：「2」の意味を表わします。

  bianual 年2回の　　　　　　　　　bicampeão 二連覇

- co-, com-, con-：「同伴」「隣接」の意味を表わします。

  coabitar 同居する　　　colaborar 協力する　　　compor 組み立てる

  concordar 賛成する　　consentir 同意する

- des-：「分離」「逆の動き」の意味を表わします。

  desfazer 壊す　　　　　desgovernar 統治を誤る　desviar 逸らす

- dis-：「分離」「拡散」の意味を表わします。

  dissidente 分離派　　　　　　　distender 膨張させる

- ex-, es-, e-：「外部への運動」の意味を表わします。

  exportar 輸出する　　　estender 伸ばす　　　emigrar 移民する

  exterior 外部の　　　　expirar 期限が切れる

- im-, in-, i-：「否定」の意味を表わします。

  imperfeito 不完全な　incapaz 不能な　ilógico 非論理的な　ilegal 不法な

- inter-：「…の間」の意味を表わします。

  internacional 国際的な　interagir 相互作用する　intercâmbio 交換

- intra-：「内部」の意味を表わします。

  intramuros 市内に

- pos-：「後の」の意味を表わします。

  pospor 後置する　　　　　　　　posfácio 後書き

- pre-：「前」の意味を表わします。

  prefácio まえがき　　　predizer 予言する　　　prefixo 接頭辞

- pro-：「前方へ」の意味を表わします。

  progresso 進歩

- re-：「繰り返し」の意味を表わします。

  relembrar 再び思い出す　　　　renovação 革新

- sub-, sus-, su-, sob-, so-：「下位」「下方から上方へ」の意味を表わします。

  subsolo 地下　　sufixo 接尾辞　　subdiretor 副所長　　suster 支える

  supor 推定する　　　sobpor 下に置く　　soerguer 少し起こす

● semi-：「半分」の意味を表わします。

　　semicondutor 半導体　　　　　　　　semiconsciente 半ば意識のある
　　semipresidencialismo 半大統領制

● super-：「超越」の意味を表わします。

　　supermercado スーパーマーケット　　super-homem スーパーマン

● trans-：「…の向こう側の」の意味を表わします。

　　transmontano 山向こうの　　　　　　transalpino アルプスの向こう側の
　　transportar 輸送する　　　　　　　　transexual トランスセクシャル

● ultra-：「過剰」「強度」の意味を表わします。

　　ultrarrápido 超高速の　　　　　　　　ultrapassar 追い越す

Ⅱ　接尾辞

1　増大辞

　増大辞は大きいことを意味し、好意的な意味合いを与えることもありますが、多くの場合で滑稽さ、粗野など侮辱的な意味を帯びるため、使用には注意が必要です。書き言葉ではほとんど用いられません。

　増大辞の中で特に多用されるのは -ão であり、その他の増大辞は新しい形の生産性は高くありません。

● -ão

　増大の意味のほかに、名詞・形容詞・動詞から名詞・形容詞を作る機能もあります。元が女性名詞でも男性名詞になります。

　　o rato ネズミ → o ratão　　　　　　a parede 壁 → o paredão
　　avaro ケチな → avarão（ポルトガルではほとんど使用されず）
　　chorar 泣く → o chorão 泣き虫

　-ão には -ona という女性形があります。

　　o chorão → a chorona 泣き虫女
　　um solteiro 独身男性 → um solteirão（年齢の高い）独身男性
　　　　　　　　　　　　　→ uma solteirona（年齢の高い）独身女性
　　uma mulher 女性 → um mulherão, uma mulherona 大柄な女性

● -alho, -arro, eiro

　以下の語では -ão と組み合わされて語を形成しています。

　　brincar 冗談を言う → brincalhão 冗談好きの人
　　homem 男性 → homenzarrão 大男　　voz 声 → vozeirão 大声

● その他の増大辞　　-aço, -aça

　　golo ゴール → golaço 偉大なゴール　　fumo 煙 → fumaça 多量の煙

2 縮小辞

日常会話で特に使用されますが、増大辞よりもずっと頻繁に用いられます。代表的な縮小辞としては、-inho / -inha, -zinho / -zinha があります。縮小辞は名詞・形容詞・副詞、さらに稀ですが間投詞にも付されます。

名詞・形容詞の性と数に一致し、副詞あるいは間投詞から作られる場合は、-a で終わる場合は接尾辞の末尾が -a、それ以外では -o になります。

意味は、物理的に小さくなることも意味しますが、親しみ・親愛の情が込められたり、強調であったり、侮辱であったりもします。

agora 今 → agorinha 今すぐ   cedo 早く → cedinho とても早く

devagar ゆっくりと → devagarinho とてもゆっくりと

3 -inho / a と -zinho / a の使い分け

使い分けに関しては一定のルールがあります。単音節語には -zinho / a が使用されます。アクセント記号が省略されることに注意しましょう。

pé 脚 → pezinho 小さな脚   pá スコップ → pazinha 小さなスコップ

só 一人の → sozinho 一人っきり   chá お茶 → chazinho お茶

●アクセントのある母音、二重母音で終わる語には -zinho / a が付されます。

avó 祖母 → avozinha   おばあちゃん

pai 父 → paizinho お父ちゃん   mãe 母 → mãezinha お母ちゃん

cidadão 市民 → cidadãozinho

●アクセントのない -el, -il, -ol で終わる語には -zinho / a が付されます。

confortável 心地よい → confortavelzinho 心地よい

míssil ミサイル → missilzinho 小さなミサイル

álcool アルコール → alcoolzinho 弱いアルコール

● -ia, -ie, -io- uo で終わる語には -zinho / a が付されます。

pátria 祖国 → patriazinha 愛しい祖国

espécie 種 → especiezinha 小さな種   frio 寒さ → friozinho わずかな寒さ

vácuo 空白 → vacuozinho   微かな空白

●単数が -r, -s, -z で終わる語の複数形に縮小辞を付すときは、-zinhos / as になります。ただし元の名詞・形容詞の単数形に付す場合が多いです。

amores 愛   → amorezinhos / amorzinhos 小さな愛

portugueses ポルトガル人 → portuguesezinhos / portuguesinhos
                                    卑小なポルトガル人

chinesa 中国人女性→ chinesazinhas / chinesinhas 小柄な中国人女性

arrozes 米→ arrozezinhos / arrozinhos 米

●単数でも複数でも、–s で終わる語は、–zinho(s) / –zinha(s) の前で –s が落ちます。
　　atlas 地図 → atlazinho 小地図　　férias 休暇 → feriazinhas ミニ休暇
●その他のケースでは –inho / a が多く用いられます。

4　その他の注意点

　　cafezinho ではアクセント記号は用いられませんが、saúde → saúdezinha 健康 では母音連続を示すためアクセント記号は残されます。

　　cidadã 市民（女性）→ cidadãzinha
　　confortáveis 心地よい → confortaveizinhos
● –inho / inha は名詞はもちろんのこと、とりわけ形容詞・副詞の前で用いられます。

　　adeus さようなら → adeusinho バイバイ
　　obrigado ありがとう → obrigadinho ありがとさん
●アクセントのない母音（および –s）は落ち、–inho(s) / inha(s) が付されます。

　　livro 本 → livrinho 小本　　　　　　mesas 卓 → mesinhas 小卓
　　vaca 雌牛 → vaquinha 雌牛の子
●アクセントのある –el, –il, –ol で終わる語の複数形に縮小辞を付すには –inho / a が用いられます。

　　lençol シーツ → lençóis シーツ（複数）
　　　　　　　　　 → lençolinhos シーツ（lençoizinhos とも言う）

5　その他の縮小辞

　　他にも、–ito / –ita, –zito / –zita というほとんど使用されない縮小辞もありますが、–inho / –inha, –zinho / –zinha と同じ規則で付すことができます。

　　livro 本 → livrito 小本　　　　　　bambu 竹 → bambuzito　竹

Ⅲ　その他の接尾辞

●職業、行為者　–ário / –ssor / –ino / –ista / –eiro / –dor / –ante
　　secretário 秘書　funcionário 官吏　professor 教師　agressor 攻撃者
　　bailarino バレリーナ　motorista 運転手　carpinteiro 大工　jardineiro 庭師
　　lutador レスラー　corredor ランナー　feirante 縁日商人　votante 投票者
●性質、特性　–dade /–eza
　　qualidade 質　bondade 善意　dignidade 威厳　precariedade 不安定
　　delicateza [BR] / delicadeza [PT] 繊細さ　grandeza 偉大さ

●国籍 　–ês / –ol / –eiro / –eno / –ano / –ino / –ense
　　　português ポルトガル人　espanhol スペイン人　brasileiro ブラジル人
　　　chileno チリ人　　　　　　angolano アンゴラ人　argentino アルゼンチン人
　　　santomense サントメプリンシペ人
●学問分野 　–gia / –ica
　　　biologia 生物学　　ecologia 生態学　　linguística 言語学　　física 物理学
●政治体制、宗教、哲学教義 　–ismo
　　　socialismo 社会主義　　comunismo 共産主義　　capitalismo 資本主義
　　　cristianismo キリスト教　budismo 仏教　　　　marxismo マルクス主義
　　　platonismo プラトン主義

Ⅳ　動詞を形成する接尾辞

●新しい動詞を形成する際に用いられる語尾はほとんどの場合、–ar です。
　　　telefonar (< telefone)　電話する　　　nivelar (< nível)　平準化する
●その他に、以下のものなどがあります。
　　　–ear, –ejar「行為の繰り返し」　　　　–entar, –(i)ficar「する、させる」
　　　–icar, –ilhar「繰り返し、縮小」　　　　–inhar「繰り返し、縮小、侮辱」
　　　–iscar, –itar「繰り返し、縮小」　　　　–izar（する、させる）
　　　bombardear 爆撃する／攻めたてる　　golpear 鞭で叩く
　　　arejar 換気する　　　　　fraquejar 衰える　　　　amamentar 授乳する
　　　adormentar 眠らせる　　classificar 分類する　　mordiscar ちびちび齧る
　　　rabiscar 走り書きする　　saltitar ぴょんぴょん跳ねる
　　　dormitar うたた寝する　minimizar 極小化する　economizar 倹約する

Ⅴ　副詞を形成する接尾辞

　　–mente は形容詞の女性形に付加されます。形容詞についているアクセント記号
は省略されます。
　　　ativamente 積極的に　　cegamente 盲目的に　　felizmente 幸いに
　　　rapidamente 素早く　　　obviamente 明らかに

第32章　発音と表記

I　ポルトガル語のアルファベット

英語と同じく 26 文字です。

文字	名称	文字	名称
A a	á	N n	ene
B b	bê	O o	ô **BR** / ó **PT**
C c	cê	P p	pê
D d	dê	Q q	quê
E e	ê	R r	érre
F f	éfe	S s	ésse
G g	gê **BR** / guê **PT**	T t	tê
H j	agá	U u	ú
I i	í	V v	vê
J j	jóta	W w	dáblio, dâblio
K k	cá **BR** / capa **PT**	X x	xis
L l	ele	Y y	ípsilon / i grego **PT**
M m	eme	Z z	zê

II　母音の発音

　　ポルトガル語の母音体系は日本語より複雑と言えるでしょう。母音3角形の図に基づき、以下にポルトガル語の母音を図式化してみましょう。上に行くほど両唇の開きは狭まり、下に行くほど逆に開きます。また左辺では舌の前部が次第に上昇し、右辺では舌の後部が次第に上昇します。

口母音　　　　[i]　　　　[ɨ]　　　　[u]

　　　　　　　　[e]　　[ɐ]　　[o]

　　　　　　　　　[ε]　　[ɔ]

　　　　　　　　　　[a]

1 単母音

a   [a]   アクセントのある位置で。caso 事件 　cal 石灰

         [ɐ]   coisa 事 　camisa シャツ

[ɐ] はブラジルではアクセントのない語末の位置に現れます（fala）。ポルトガルではアクセントのない位置に現れます（falar, relâmpago, fala,）。また、m, n, nh という鼻子音の前ではアクセントがあっても [ɐ] になります。なお、–ar 動詞の直説法 1 人称複数形の現在と完了過去の区別にはこの 2 つの a の対立が重要で、fala[ɐ]mos は現在時制であり、falá[a]mos は完了過去です。

e   [e]   閉母音：bebo 私は飲む　você 君　português ポルトガル人

         [ɛ]   開母音：bebe 彼は飲む　café コーヒー　pé 脚

[e] と [ɛ] は両唇の開閉の度合いによって区別されます。

         [i]   語末無強勢の e **BR**：bebe 彼は飲む　nome 名前

         [ɨ]   無強勢の e **PT**：mete 彼は置く　vermelho 赤　bebe 彼は飲む

「ウ」のように聞こえる [ɨ] は、**PT** でアクセントのない位置で発せられます（**BR** にはありません）。

i   [i]   aqui ここ　cáqui カーキ色　idade 年齢　javali 猪

o   [o]   閉母音：avô 祖父　pôde 彼はできた　rodo モップ

         [ɔ]   開母音：avó 祖母　pode 彼はできる

[o] と [ɔ] は両唇の開閉の度合いによって区別されます。なお、アクセント記号なしでも区別はなされます。

u   [u]   語末の無強勢母音：falo 私は話す　livro 本

                PT ではアクセントのある音節の前でも [u] になります。

         [u]   口母音：uva ぶどう　saúde 健康　bambu 竹

●母音に関し補足しておくと、表記上に示されなくても、母音 [i] が用いられることがあります。**BR** の自然な発音で、p, b, t, d, c, g, f, v に l, r 以外の子音が続く子音群において、2 つの子音の間に [i] が挿入されるのです。（　）内が正書法上の表記です。

    p[i]neu (pneu) タイヤ   ab[i]surdo (absurdo) 愚かな

    rit[i]mo(ritmo) リズム   ad[i]versário (adversário) 記念日

    segmento (seg[i]mento) セグメント

2 二重母音

母音と半母音の組み合わせが同一音節内で生じるとき、それは二重母音を成します。ポルトガル語に 2 つある半母音を [j], [w] で表記しましょう。

ai	[aj]	paixão 情熱　festivais フェスティバル
au/al	[aw]	saudade サウダーデ　sal 塩 **BR**　altar 祭壇 **BR**
ei	[ej]	lei 法　primeiro 最初の　ポルトガルでは [ay] と発音されることも
ei	[ɛj]	ideia 考え　papéis 紙
eu/el	[ew]	meu 私の　bebeu beber の過去形　feltro フェルト **BR**
eu/el	[ɛw]	céu 空　chapéu 帽子　papel 紙 **BR**
oi	[oj]	foi ser,ir の過去　noite 夜　coitado 可哀想な
ou/ol	[ow]	sou ser の現在形　falou falar の過去形　soldado 兵士 **BR**
		ただし、ou は通常は単母音 [o] として発音されます。
oi	[ɔj]	dói doer の現在形　espanhóis スペイン人
ou	[ɔw]	sol 太陽 **BR**　espanhol スペイン人 **BR**
ui	[uj]	fui ser,ir の過去形　cuidado ケア　azuis 青
iu/il	[iw]	viu ver の過去形　sentiu 彼は感じた　mil 千 **BR**

●ブラジルでは、アクセントのある母音と語末の –s/–z の間に [i] が挿入されることがよくあります。そのとき、二重母音が形成されます。

pa[i]z (paz) 　　　　　　nó[i]s 　　　　　　lu[i]z

3　鼻母音

呼気を口からだけでなく鼻からも抜く音です。mito[mitu]（神話）と minto [mĩtu]（私は嘘をつく）が異なる意味の語になるように、鼻音性の有無は重要な機能を持ちます。

$$[ĩ] \qquad\qquad [ũ]$$
$$[ẽ] \quad [õ]$$
$$[ɐ̃]$$

●鼻母音の表記方法には 2 種類あります。˜(til) は ã, 二重鼻母音の ão, ãe, õe でのみ用いられます。基本的に語末で用いられます（複数表示の –s がつくことはあります）。

ã 　　　　　[ɐ̃] 　　　irmã　alemã

●もう一つの表記として –m／–n も用いられます。語末および音節末で –m／–n は発音されず、先行する母音の鼻音性を表わします。

am/an	[ɐ̃]	音節末で：samba サンバ　manto マント　dança 踊り
em/en	[ẽ]	音節末で：tempo 天気　cento 100 の
	[ẽj]	語末で。**PT** では [ɐ̃j] となることもある：tem 彼は持つ
im/in	[ĩ]	importante 重要な　simpatia シンパシー　indeciso 迷った

om/on [õ]   tonto めまいがする   marrom **BR** 栗色の   conto 物語
um/un [ũ]   cumprir 果たす   mundo 世界   fundo 奥

● -ns は -m で終わる語の複数形を示します。
　　fim / fins 終わり   bom / bons 良い   um / uns 不定冠詞
　　homem / homens 男

●鼻母音はアクセントを取る位置に現れることも、アクセントのない位置に現れることもあります。

4　二重鼻母音

　一部の二重母音は鼻音化され、二重鼻母音になります。

ãe   [ẽj̃]   mãe 母   pães パン   alemães ドイツ人   capitães 大尉
　　　　　　　　多くの場合は語末で用いられ、アクセントがあります。例外は、
　　　　　　　　縮小辞が付加されたケース、mãezinha などです。

ãi   [ẽj̃]   cãibra 痙れ

ão   [ẽw̃]   informação 情報   pão パン   alemão ドイツ人   irmão 兄弟
　　　　　　　　多くの場合は語末で用いられ、アクセントがあります。例外は、
　　　　　　　　縮小辞が付加されたケース、alemãozinho 小さなドイツ人
　　　　　　　　ênção 恩寵、órfão 孤児、órgão 機関などです。

am   [ẽw̃]   動詞の活用語尾だけに用いられ、アクセントは置かれません。
　　　　　　　　falam falaram falavam

em / en [ẽj̃]   語末で見られます。bem 上手に   ontem 昨日
　　　　　　　　この -em は **PT** では [ẽj̃] となることもあります。também の
　　　　　　　　記号はアクセントが置かれることを示します。

õe   [õj̃]   多くの場合は語末で用いられ、アクセントがあります。
　　　　　　　　limões レモン   põe 彼は置く   compõe 彼は構成する
　　　　　　　　例外は縮小辞が付加された limõezinhos 小さなレモンなどで
　　　　　　　　す。

ui   [ũj̃]   muito とその関連語にのみ見られ、ティルを必要としません。
　　　　　　　　muito たくさんの

1　調音法

	両唇音	唇歯音	歯茎音	後部歯茎音	硬口蓋音	軟口蓋音	口蓋垂音
閉鎖音	p / b		t / d			k / g	
摩擦音		f / v	s / z	ʃ / ʒ			
鼻音	/m		/n			/ɲ	
側音			/l			/ʎ	
はじき音			/ɾ				
ふるえ音							/R

2　子音の発音

音	文字	例
[p]	p	população 人口　preço 価格　imprudente 軽率な
[b]	b	beber 飲む　nobre 高貴な　absorver 吸引する
[t]	t	teto 屋根　trezentos 300　pronto 準備のできた　porto 港
[tʃ]	t	**BR** のいくつかの地方での発音：語末のアクセントのない e[i] の前、i, m, n の前：tio おじ　noite 夜　ritmo リズム
[d]	d	duzentos 200　dedo 指　aldeia 村
[dʒ]	d	**BR** のいくつかの方言で聞かれる音です。c(qu), g, m, s, v, i の前で。語末のアクセントなしの e の前で：adquirir 獲得する　Edgar エジガール（人名）　admissão 許可　adscrever 書き加える　adverso 反対の　direto 直接の　rede 網
[k]	c	a, o, u, 子音の前：casa 家　comer 食べる　curioso 興味深い
	qu	e, i の前：quem 誰　quer 彼は望む　conquistar 征服する
	k	外来語のみに使用：joker ジョーカー　kwanza クワンザ（アンゴラの通貨）　karaoke カラオケ　kiwi キウイ　kg(quilograma) キログラム　km(quilômetro **BR** /quilómetro **PT**) キロメートル
[ks]	x	いくつかの語の母音間で：táxi タクシー　fixo 固定した　léxico 語彙　intoxicação 中毒　sufixo 接尾辞
	x	語末で：clímax クライマックス　fênix **BR** / fénix **PT** 不死鳥　tórax 胸郭
[kw]	cu	e と i の前で：cuecas パンツ

	qu	a, o の前：qualquer いかなる　quotidiano 日常の
	qu	e, i の前：frequente 頻繁な　tranquilo 静かな
[g]	g	a, u, o, 子音の前：gato 猫　guloso 甘党　gosto 好み
	gu	e, i の前：guitarra ギター　guerrilha ゲリラ
[gw]	gu	a, o, e, i の前：guarda 守衛　ambíguo 曖昧な

aguentar 耐える　linguiça ソーセージ

[f] f filosofia 哲学　aflito 苦しめられた

[v] v vida 生命　lavrador 耕作者

w 外来語でのみ使用：weberiano ウェーバーの

[s] s sol 太陽　salsa サルサ　abstrato 抽象的な　pensar 考える

s **BR** の発音。[s] が後続するとき：descer 降りる
os selos 切手

ss 母音間で：esse その　posso 私はできる　fóssil 化石

c e, i の前：cedo 早く　cidade 都市

ç a, o, u の前：moça 若い娘　começo 始まり　açúcar 砂糖

x **BR** の発音。[s] の前で語頭の ex：excesso 過剰
excitar 興奮する

x いくつかの語で母音間で：máximo 最大限
trouxe 私はもたらした　sintaxe シンタクス

x **BR** の発音。無声子音 p, t, c(qu), f の前で：experiência 経験
texto テキスト　exclusão 排除　ex-fã 元ファン

z **BR** の発音。語末の -z：arroz 米　rapaz 青年　paz 平和

[z] z 語頭で：zangado 怒った　zero ゼロ

z 子音の後で：cinza 灰　colherzinha スプーン

s/z 母音間で：casa 家　pazes 平和　rapazes 青年たち

x 語頭の ex に母音が続くとき：exame 試験　êxito 成功

s/z/x **BR** の発音。音節末あるいは語末、有声子音 b/d/g/v/l/r/m/n
の前で：sismo 地震　Lisboa リスボン　as verduras 野菜

[ʃ] ch chamar 呼ぶ　machucar 圧し潰す　cheiro 臭い　chicote 鞭

x 語頭で：xícara コーヒーカップ　xingar 罵る　xadrez チェス

x **PT** の発音。無声子音 p, t, c(qu), f の前で：experiência 経験
texto テキスト　exclusão 排除　ex-fã 元ファン

x 母音 +i の後、語頭 en の後：baixar 下げる　embaixada 大使館
deixar させる

x 音節頭。n の後で：enxada 鋤　enxugar 乾かす

	x	母音間で：lixo ゴミ　mexer 動かす　puxar 引っ張る vexame 恥
	s	**PT** の発音。[s] が後続するとき：descer 降りる ascensor エレベーター　os selos 切手
	s/z	**PT** の発音。**BR** でもリオデジャネイロなどで。 語末で：mas しかし　camas ベッド　paz 平和　atriz 女優
	s/x	**PT** の発音。音節末：misto 混交した　pista 足跡 texto テキスト　experimentar 試みる
[ʒ]	j	jejum 断食　jardim 庭園　queijo チーズ
	g	e,i の前：gelo 氷　girafa キリン
	s/z/x	**PT** の発音。音節末あるいは語末で、有声子音 b/d/g/v/l/r/m/n の前で：sismo 地震　Lisboa リスボン　as verduras 野菜
[m]	m	語頭・音節頭で：mesa テーブル　magro 痩せた camarada 同志 音節末・語末で m は無音ですが、その前の母音を鼻音化させます。 importância 重要性　homem 男性　cambiar 両替する
[n]	n	語頭・音節頭で：nada 何も…ない　dicionário 辞書 音節末・語末で n は無音ですが、その前の母音を鼻音化させます。 canto コーナー　homens 男性たち
[ɲ]	nh	minha 私の　moinho 風車　manhã 朝
[l]	l	語頭・音節頭で：lavar 洗う　falar 話す　lado 側面 blusa ブラウス　melão メロン
[ɫ]/[w]	l	音節末、語末で：**PT** では [ɫ]、**BR** では [w]：salto 跳躍 papel 紙
[w]	w	外来語のみ：whisky ウィスキー　windsurf ウィンドサーフィン Malawi マラウイ　malawiano マラウイの
[ʎ]	lh	palha 藁　lhe(s) 君（たち）に　milho トウモロコシ
[ɾ]	r	caro 高い　parar 止まる　trem 電車　prazer 喜び
[R]	r	語頭で。**BR** では地方によって [h], [x]（無声口蓋垂摩擦音）になることもあります：rosa バラ　rico 金持ち　rapaz 青年
[R]	rr	母音間で：carro 車　arroz 米
	r	s, l, n の後で：Israel イスラエル　desraizar 根こそぎにする melro クロウタドリ　honra 名誉　desonra 不名誉

[R]	r	音節末・語末で **BR**。なお **BR** ではしばしば不定詞の語末 –r が
		脱落することがあります。norte 北　falar → [falá] 話す

3　注意が必要な文字

● h の文字は発音されません。

　　homem 男性　　　　　　　　histÓria 歴史　　　　　　ah! oh! あー！、おー！

● k, w のほか、y も外来語のみで使用されます。

　　Taylor テイラー［人名］　　yoga ヨガ

● ch, lh, nh, rr, ss, gu(e, i), qu(e, i) という二重の子音文字はひとつの音しか表わしません。

● –rr と –ss– は母音間でのみ用いられます。

● –ll–, –nn– という二重の子音文字もかつては存在しましたが、**PT** の connosco を除き単一の –l–, –n– で置き換えられました。

● Ç / ç も独立した一文字とは見なされません。

Ⅳ　ポルトガル語の補助記号

● ^ (acento circunflexo)

アクセントが置かれますが、母音は閉じています。

● ´ (acento agudo)

アクセントが置かれますが、母音は開いています。

● ` (acento grave)

前置詞 a と定冠詞 a あるいは指示詞 aquele, aquilo との縮合を示すために用いられます。　à (＝a+a)

● ¨ (trema)

ブラジルで freqüente（頻繁な）、tranqüilo（静謐な）などの語に用いられましたが、2009 年以降は、外来語（たとえば、Müller ミュラー［人名］）を除き、使用されなくなりました。

● ˜ (til)

単母音 a および二重母音 ae, oe, ao, ai を鼻音化させます。なお、muito の ui は二重鼻母音ですが、til は用いられません。

　　manhã mãe corações irmão cãibra

● ç (cedilha)

母音 a, o, u の前の子音文字 c を [s] の音に変えます。e と i の前、そして語頭で用いられることはありません。

　　caçar caroço açúcar

● ’ (apóstrofo)

音（主に母音）が省略されたことを示します。

　　of'recer (oferecer) copo-d'água (copo de água) 'inda(ainda) não P'ra
　　d'Os Lusíadas

● - (hífen)

行末の語の分割を示します。　trans-formação (transformação)

複合語を形成します。

　　peixe-espada 太刀魚　　guarda-chuva 傘　　palavra-chave キーワード

代名詞を動詞に結びつけます。

　　disseram-me 彼らは私に言った　　　　comeu-o 彼はそれを食べた

Ⅴ　アクセント

　ポルトガル語のアクセントは強／弱の対立で、アクセントは語末音節、語末から
2 番目の音節、語末から 3 番目の音節に来ることがあります。音節とは、語を形成
する最大の単位であり、一度の呼気で発音される音のグループのことで、核となる
単母音、二重母音、三重母音だけのこともあれば、それらにひとつ以上の子音が
前後に伴うこともあります。母音で終わる音節は開音節、子音で終わる音節は閉音
節と言います。音節区分の知識は話者に内在的なものであり、非識字者にも可能
です。ポルトガル語の典型的な音節構造は子音＋母音（me-sa）、あるいは子音
＋母音＋子音（fe-liz）です。

1　音節区分の基本的ルール

●すべての音節には少なくとも母音がひとつある：ca-ra, ca-dei-ra

●次の母音の連続は分割できない。

　　下降二重母音（母音＋半母音）を形成する連続

　　ai, êi, ãi, ei, éi, oi, ói, ui, au, áu, eu, éu, iu, ou, ãe, ão, õe

　　com-boi-o **PT**

● gu と qu は後続する単母音・二重母音と分割できない（u の発音は無関係）。

　　cro-que-te, bi-quí-ni, gui-lho-ti-na, trê-gua, bi-lín-gue, tran-qui-lo

●アクセントのない語末音節において ie, io, oa, oe, ua, ue, ui, uo などの母音連
続（母音＋母音）は分割できない。

　　ins-tan-tâ-neo, co-mé-dia, a-mên-doa, in-gê-nua

●母音連続と同一母音連続は分割される。　sa-a-ve-dra, vo-o

●母音が後続する子音は音節頭に位置する。　pa-la

●子音が後続する子音は音節末に位置する。　pal-ma

● b, c, d, f, g, p, t, v に l あるいは r が続くとき、分割はできない。

Bra-sil, blu-ma, pro-ble-ma, cruz, con-cre-to, cle-men-te, Flan-dres, in-fla-ção, fra-co, in-fra-ção, glo-bal, an-glo-sa-xô-ni-co, gran-de, plu-ral, im-ple-men-tar, pre-sen-te, a-pre-sen-tar

● sub-/ab-/ad- 等、b と d で終わる接頭辞を用いた複合語では例外が見られる。

sub-li-nhar, ab-le-gar, ab-rup-to, ad-le-ga-ção

● lh, nh, ch という二重字は分割されない。

ro-cha, mi-ga-lha, al-cu-nha

●語頭において、cz, ps という連続は分割できない。

czar, czar-da, psi-co-lo-gi-a

●上記以外の子音の連続は分割可能

es-ca-la, op-ção, ad-je-ti-vo, ad-mis-são, fac-to, pês-se-go, fran-ja, car-ro

●子音が3つ以上続く場合、分割不可能な子音群があるとき、その子音群は次に来る音節の頭（ataque）となり、先行する子音は前の音節の末尾子音となる。

cons-tru-ção, con-cha, con-gres-so, com-ple-xo, obs-tru-ção

●分割できない音節がない場合、最後の子音の前で必ず分割される。

trans-fe-rir, obs-ti-nar, árc-ti-co, sols-tí-cio, disp-nei-co, a-cu-punc-tu-ra

2　アクセントの位置について

　語によって、アクセントがある音節を表示する記号が必要な場合と、不要な場合があります。

●アクセント記号が不要な場合

　多くの語がそうですが、-a, -e, -o, -as, -es, -os, -am, -em, ens で終わる語では、最後から2番目の音節にアクセントが置かれます（アクセントのある母音を太字で表します）。

ca**sa** 家　fo**me** 空腹　lo**bo** 狼　comi**as** 君は食べていた　cid**a**des 町

co**pos** コップ　fa**lam** 彼らは話す　be**bem** 彼らは飲む　gar**a**gens ガレージ

● -l, -n, -r, -x, -z で終わる語では最後の音節にアクセントが置かれます。

continen**tal** 大陸の　bat**on** 口紅　com**er** 食べる　sed**ex** 速達便

cart**az** ポスター

●口母音であれ鼻母音であれ、-i(s), -u(s) で終わる語は、最後の音節にアクセントが置かれます。

javal**i**(s) イノシシ　bamb**u**(s) 竹　mandol**im** マンドリン　at**u**ns マグロ

●二重口母音（au, eu, iu, ai, ei, oi, ui, ou）および -am, -em, -ens を除く二重鼻母音（-ão, -õe, -ãe）で終わる語は、-s がついてもつかなくても、最後の音節にアクセントが置かれます。また、鼻母音 -ã で終わる語も同様です。

abr**iu** 開いた　　degr**au** ステップ　　am**ou** 愛した　　capit**ãe**s 大尉

pinc**éi**s 筆　　beb**eu** 飲んだ　　crist**ã** キリスト教徒（女性）

ou の発音は [o] という単母音ですが、二重母音のように見なされます。

●二重母音は一音節として数えられますが、a と o の前に i あるいは u が先行する場合は母音連続すなわち二音節となります。つまり、co-mi-a のように分けられます。

●アクセント記号が必要な場合

アクセント記号が必要になるのは上記のルールに外れるケースです。開母音には ´ が、閉母音には ^ が用いられます。

●最後から3番目の音節にアクセントが置かれる語において

âncora 錨　　l**â**mpada ランプ　　**ê**xodo 集団移動　　**Á**lvaro アルバロ（人名）

árvore 木　　**á**gua 水　　c**ó**digo コード　　t**ô**nica **BR** / t**ó**nica **PT** 主要な話題

est**ô**mago 胃　　c**ô**njuge 配偶者　　**ó**timo 最高の　　p**é**ssimo 最悪の

ênfase 強調

●表記上の規則では最後の音節にアクセントが置かれることになるものの、最後から2番目の音節にアクセントが置かれる語

f**á**cil 簡単な　　**ô**nus 負担　　dif**í**ceis 困難な　　j**ú**ri 審査員

●表記上の規則では最後から2番目の音節にアクセントが置かれることになるものの、最後の音節にアクセントが置かれる語

japon**ê**s 日本人　　av**ô** 祖父　　caf**é** コーヒー　　armaz**é**ns 倉庫

● i と u が先行する母音と二重母音を形成せず、アクセントが置かれるとき

ca**í** (cai) cair の過去形　　sa**í**a sair の過去形　　te**í**smo 有神論

dada**í**smo ダダイズム　　altru**í**smo 利他主義　　sa**ú**do saudar の現在形

gra**ú**do 大きい　　vi**ú**va 未亡人　　ru**í**na 廃墟　　hero**í**na ヒロイン

sa**í**da 出口　　atra**í**do 魅了された　　constru**í**do 建設された　　conte**ú**do 内容

ただし、i の後に nh が来るとき、アクセント記号は不要です。

mo**i**nho 風車　　ra**i**nha 女王　　ba**i**nha 鞘　　lada**i**nha 長談義

i が次に続く子音（s を除く）と音節を形成する場合も不要です。

a**i**nda まだ　　ra**i**z 根　　maneq**ui**m マネキン

iu という二重母音の前にさらに母音がある場合も不要です。

constit**ui**u constituir の過去形　　ca**iu** cair の過去形　　distra**iu** distrair の過去形

●発音の異なる同綴語を区別するために記号が使用されます。この点に関しては後述の新正書法でも変更がなされていません。

por によって / pôr 置く　　　　　　　para ために / pára 止まる

pode できる / pôde できた　　　　　vem 来る（単数）/ vêm 来る（複数）

tem 持つ（単数）/ têm 持つ（複数）

● -ter および -vir で終わる動詞の 3 人称の単複を区別するためにも使用されます。

ele contém / eles contêm　　　　　ele mantém / eles mantêm,

ele intervém / eles intervêm　　　　ele provém / eles provêm

●直説法現在 1 人称複数形と直説法完了過去 1 人称複数形を区別するために用いられますが、義務ではありません。

Nós cantamos. BR 私たちは歌う。/ Nós cantámos. PT 私たちは歌った。

● -a(s), -e(s), -o(s) で終わるアクセントのある単音節語にはアクセント記号が必要です。

já すでに　　lã 織物　　　má(s) 悪い　　　pé(s) 脚　　　vês 君は見る

pó ホコリ　　só(s) 一人　　pôs pôr の過去形

●最後の音節にアクセントが置かれる語で、アクセントのある -ei, -eu, -oi という二重母音の最初の母音には ´ アセント・アグードが置かれます。

constrói 彼は建設する　　　coronéis 陸軍大佐　　　papéis 紙

céu 空　　　　　　　　　　véu ベール

● crer, ler, ver, dar の 3 人称複数形に使われていた ^ は現在は用いられなくなりました。

creem / crêem 彼らは信じる　　　　leem / lêem 彼らは読む

veem/vêem 彼らは見る　　　　　　deem / dêem 彼らは与える

●アセント・グラーベは、前置詞 a と定冠詞 a、あるいは指示詞 aquele(s), aquela(s), aquilo の縮合形で用いられます。

à =a+a　　　　　　　　　　　　　àquele(s)=a+aquilo(s)

Ⅵ　新正書法について

　1990 年、ポルトガル、ブラジル、アンゴラ、モザンビーク、カボベルデ、ギニアビサウ、サントメ・プリンシペの各国代表が議論の末、新しい正書法の内容に合意しました。その後、アンゴラを除く各国政府は新正書法の導入に合意し、現在はその移行期間にあります。大きな変更ではないので、"旧"正書法で学んだ方も心配は不要ですが、何かどう変わったのか、大まかですが指摘しておきましょう。確認のために言っておきますが、変わるのは表記であり、発音ではありません。

●まず、アルファベットが 23 文字から 26 文字に増えました。すなわち、k, y, w

が正式な文字として認められたわけですが、実質的にはずっと使用されてきており、実際の使用を後から承認したという感じでしょう。

● **BR** で [gw], [kw] を表わすのに用いられた ¨ (trema) は使用されません。

    lingüística 言語学→ linguística   freqüência 頻度→ frequência
発音は変わりません。

●二重母音のアクセント記号 ´ が用いられなくなります。

    bóia → boia ブイ   jóia → joia 宝石   idéia → ideia アイディア
    heróico → heroico 英雄的な   assembléia → assembleia 集会
ただし、語末アクセントで、開母音の場合は残ります。

    céu 空   véu ベール   dói 痛む   chapéu 帽子   herói 英雄

● -êem で終わる活用のアクセント記号もなくなります。

    crêem → creem 彼らは信じる   vêem → veem 彼らは見る
    lêem → leem 彼らは読む

●ブラジルで、ôo に使われていたアクセント記号は不要になりました。

    enjôo → enjoo 嘔吐   perdôo → perdoo 私は許す   vôo → voo フライト

●同綴語を区別していたアクセント記号は任意になります。

    pára（動詞 parar）/ para（前置詞）→ para
    pêlo（名詞「体毛」）/ pelo（前置詞と定冠詞の縮合形）→ pelo
しかし、pôr（動詞「置く」）は今まで通りアクセント記号が必要です。
pôde（poder の過去形）と pode（同現在形）の区別も残ります。

●ポルトガルに残っていた無音の c と p が省略されます。

    cc → c：leccionar → lecionar 講義する
    cç → ç：acção → ação 行為
    ct → t：directo → direto 直接の   electricidade → eletricidade 電気
    pc → c：excepcional → excecional 例外的な
    pç → ç：recepção → receção 受付
    pt → t：óptimo → ótimo 最高

●一方で、調音される子音 c, p については、そのまま残ります。

    cc：ficcional フィクションの
    cç：convicção 確信
    ct：pacto 合意
    pc：egípcio エジプト人
    pç：opção オプション
    pt：eucalipto ユーカリ

● 2つの発音が併存する場合はどちらも認められます。

    conceptual / concetual 概念的な   sector / setor セクター

● -ar 動詞の直説法完了過去1人称複数形のアクセント記号は任意となります。

    passámos / passamos

● dar の接続法現在1人称複数形 dêmos の記号も任意となります。さらに、forma「形」「外形」と fôrma「型」の区別も不要になります。つまり、ともに forma と表記してかまいません。

● ハイフンの用法が変わります。日常的に頻用される fim-de-semana, cartão-de-visita などで使われたハイフンは不要になります。

    fim de semana 週末   cartão de visita 名刺

● 複合語の意識がなくなった場合もハイフンはつけません。

    pára-quedas → paraquedas パラシュート

● haver の後で de を用いて形成する表現におけるハイフンも不要になります。

    Eu hei-de ser professor. → Eu hei de ser professor.
    私は先生になるだろう。

● h で始まる語の前ではハイフンを用います。

    pré-histórico 有史以前の   super-homem 超人
    anti-higiênico **BR** / anti-higiénico **PT** 反衛生的な

● 同じ文字が続くときはハイフンで分けますが、異なる文字のときはつなげてしまいます。

    anti-inflamatório 抗炎症薬   arqui-inimigo 天敵   inter-regional 地方間
    extraoficial 公式外の   neoliberalismo ネオリベラリズム

● 第一要素が母音で終わり、2番目の要素が r- あるいは s- で始まる場合は、-rr-, -ss- とする必要があります。

    anti-rugas → antirrugas シワ防止剤   ultra-secreto → ultrassecreto 極秘

● 動植物名ではハイフンは残ります。

    andorinha-do-mar アジサシ   couve-flor カリフラワー

● 第一要素が接頭辞 pós, pré, pró の場合はハイフンが必要です。

    pós-modernismo ポストモダニズム   pré-escolar 入学前の
    pró-vida 中絶反対運動

●ポルトガルでは月名、季節名、方位名は大文字で書かれていましたが、小文字になります。

janeiro 1月	fevereiro 2月	março 3月
primavera 春	verão 夏	outono 秋	inverno 冬
norte 北	leste 東	oeste 西	sul 南

　ただし、「北部地方」などの意味では o Norte, o Sul のように大文字です。

●学校の教科、地名や建築物名は大文字でも小文字でもかまいません。

　Matemática / matemática 数学

　Rua do Carmo / rua do Carmo カルモ通り

　Igreja do Bom Jesus / igreja do Bom Jesus ボンジェズス教会

動詞活用表

規則動詞 (pp.196〜197)

-ar　（第1活用）　falar
-er　（第2活用）　viver
-ir　（第3活用）　partir

不規則動詞 (pp.198〜205)

① caber
② cair
③ crer
④ dizer
⑤ estar
⑥ fazer
⑦ haver
⑧ ir
⑨ ler
⑩ medir
⑪ ouvir
⑫ pedir
⑬ perder
⑭ poder
⑮ pôr
⑯ querer
⑰ sair
⑱ ser
⑲ ter
⑳ trazer
㉑ valer
㉒ ver
㉓ vir

動詞活用表（規則動詞）

-ar（第1活用） falar	-er（第2活用） viver	-ir（第3活用） partir
現在分詞　fal**ando** 過去分詞　fal**ado**	現在分詞　viv**endo** 過去分詞　viv**ido**	現在分詞　part**indo** 過去分詞　part**ido**

直説法現在

fal**o**	viv**o**	part**o**
fal**as**	viv**es**	part**es**
fal**a**	viv**e**	part**e**
fal**amos**	viv**emos**	part**imos**
fal**ais**	viv**eis**	part**is**
fal**am**	viv**em**	part**em**

直説法完了過去

fal**ei**	viv**i**	part**i**
fal**aste**	viv**este**	part**iste**
fal**ou**	viv**eu**	part**iu**
fal**amos**	viv**emos**	part**imos**
fal**astes**	viv**estes**	part**istes**
fal**aram**	viv**eram**	part**iram**

直説法未完了過去

fal**ava**	viv**ia**	part**ia**
fal**avas**	viv**ias**	part**ias**
fal**ava**	viv**ia**	part**ia**
fal**ávamos**	viv**íamos**	part**íamos**
fal**áveis**	viv**íeis**	part**íeis**
fal**avam**	viv**iam**	part**iam**

直説法過去完了

fal**ara**	viv**era**	part**ira**
fal**aras**	viv**eras**	part**iras**
fal**ara**	viv**era**	part**ira**
fal**áramos**	viv**êramos**	part**íramos**
fal**áreis**	viv**êreis**	part**íreis**
fal**aram**	viv**eram**	part**iram**

直説法現在未来

fal**arei**	viv**erei**	part**irei**
fal**arás**	viv**erás**	part**irás**
fal**ará**	viv**erá**	part**irá**
fal**aremos**	viv**eremos**	part**iremos**
fal**areis**	viv**ereis**	part**ireis**
fal**arão**	viv**erão**	part**irão**

- 直説法現在完了形　terの直説法現在＋過去分詞
- 直説法過去完了形（複合形）　terの直説法未完了過去＋過去分詞
- 直説法未来完了形　terの直説法現在未来＋過去分詞
- 直説法複合過去未来形　terの直説法過去未来＋過去分詞

直説法過去未来

fal**aria**	viv**eria**	part**iria**
fal**arias**	viv**erias**	part**irias**
fal**aria**	viv**eria**	part**iria**
fal**aríamos**	viv**eríamos**	part**iríamos**
fal**aríeis**	viv**eríeis**	part**iríeis**
fal**ariam**	viv**eriam**	part**iriam**

接続法現在

fal**e**	viv**a**	part**a**
fal**es**	viv**as**	part**as**
fal**e**	viv**a**	part**a**
fal**emos**	viv**amos**	part**amos**
fal**eis**	viv**ais**	part**ais**
fal**em**	viv**am**	part**am**

接続法未完了過去

fal**asse**	viv**esse**	part**isse**
fal**asses**	viv**esses**	part**isses**
fal**asse**	viv**esse**	part**isse**
fal**ássemos**	viv**êssemos**	part**íssemos**
fal**ásseis**	viv**êsseis**	part**ísseis**
fal**assem**	viv**essem**	part**issem**

接続法未来

fal**ar**	viv**er**	part**ir**
fal**ares**	viv**eres**	part**ires**
fal**ar**	viv**er**	part**ir**
fal**armos**	viv**ermos**	part**irmos**
fal**ardes**	viv**erdes**	part**irdes**
fal**arem**	viv**erem**	part**irem**

命令法

fal**a**	viv**e**	part**e**
fal**e**	viv**a**	part**a**
fal**emos**	viv**amos**	part**amos**
fal**ai**	viv**ei**	part**i**

人称不定詞

fal**ar**	viv**er**	part**ir**
fal**ares**	viv**eres**	part**ires**
fal**ar**	viv**er**	part**ir**
fal**armos**	viv**ermos**	part**irmos**
fal**ardes**	viv**erdes**	part**irdes**
fal**arem**	viv**erem**	part**irem**

・接続法完了過去形　terの接続法現在＋過去分詞
・接続法過去完了形　terの接続法未完了過去＋過去分詞
・接続法未来完了形　terの接続法未来＋過去分詞

動詞活用表（不規則動詞）

不定詞 現在分詞 過去分詞	直説法			
	現在	完了過去	未完了過去	過去完了
① caber cabendo cabido	caibo cabes cabe cabemos cabeis cabem	coube coubeste coube coubemos coubestes couberam	cabia cabias cabia cabíamos cabíeis cabiam	coubera couberas coubera coubéramos coubéreis couberam
② cair caindo caído	caio cais cai caímos caís caem	caí caíste caiu caímos caístes caíram	caía caías caía caíamos caíeis caíam	caíra caíras caíra caíramos caíreis caíram
③ crer crendo crido	creio crês crê cremos credes creem	cri creste creu cremos crestes creram	cria crias cria críamos críeis criam	crera creras crera crêramos crêreis creram
④ dizer dizendo dito	digo dizes diz dizemos dizeis dizem	disse disseste disse dissemos dissestes disseram	dizia dizias dizia dizíamos dizíeis diziam	dissera disseras dissera disséramos dissêreis disseram
⑤ estar estando estado	estou estás está estamos estais estão	estive estiveste esteve estivemos estivestes estiveram	estava estavas estava estávamos estáveis estavam	estivera estiveras estivera estivéramos estivéreis estiveram
⑥ fazer fazendo feito	faço fazes faz fazemos fazeis fazem	fiz fizeste fez fizemos fizestes fizeram	fazia fazias fazia fazíamos fazíeis faziam	fizera fizeras fizera fizéramos fizéreis fizeram

直説法		接続法			命令法
現在未来	過去未来	現在	未完了過去	未来	
caberei	caberia	caiba	coubesse	couber	
caberás	caberias	caibas	coubesses	couberes	cabe
caberá	caberia	caiba	coubesse	couber	caiba
caberemos	caberíamos	caibamos	coubéssemos	coubermos	caibamos
cabereis	caberíeis	caibais	coubésseis	couberdes	cabei
caberão	caberiam	caibam	coubessem	couberem	
cairei	cairia	caia	caísse	cair	
cairás	cairias	caias	caísses	caíres	cai
cairá	cairia	caia	caísse	cair	caia
cairemos	cairíamos	caiamos	caíssemos	cairmos	caiamos
caireis	cairíeis	caiais	caísseis	cairdes	caí
cairão	cairiam	caiam	caíssem	caírem	
crerei	creria	creia	cresse	crer	
crerás	crerias	creias	cresses	creres	crê
crerá	creria	creia	cresse	crer	creia
creremos	creríamos	creiamos	crêssemos	crermos	creiamos
crereis	creríeis	creiais	crêsseis	crerdes	crede
crerão	creriam	creiam	cressem	crerem	
direi	diria	diga	dissesse	disser	
dirás	dirias	digas	dissesses	disseres	diz
dirá	diria	diga	dissesse	disser	diga
diremos	diríamos	digamos	disséssemos	dissermos	digamos
direis	diríeis	digais	dissésseis	disserdes	dizei
dirão	diriam	digam	dissessem	disserem	
estarei	estaria	esteja	estivesse	estiver	
estarás	estarias	estejas	estivesses	estiveres	está
estará	estaria	esteja	estivesse	estiver	esteja
estaremos	estaríamos	estejamos	estivéssemos	estivermos	estejamos
estareis	estaríeis	estejais	estivésseis	estiverdes	estai
estarão	estariam	estejam	estivessem	estiverem	
farei	faria	faça	fizesse	fizer	
farás	farias	faças	fizesses	fizeres	faz
fará	faria	faça	fizesse	fizer	faça
faremos	faríamos	façamos	fizéssemos	fizermos	façamos
fareis	faríeis	façais	fizésseis	fizerdes	fazei
farão	fariam	façam	fizessem	fizerem	

不定詞 現在分詞 過去分詞	直説法			
	現在	完了過去	未完了過去	過去完了
⑦ haver havendo havido	hei hás há havemos haveis hão	houve houveste houve houvemos houvestes houveram	havia havias havia havíamos havíeis haviam	houvera houveras houvera houvéramos houvéreis houveram
⑧ ir indo ido	vou vais vai vamos ides vão	fui foste foi fomos fostes foram	ia ias ia íamos íeis iam	fora foras fora fôramos fôreis foram
⑨ ler lendo lido	leio lês lê lemos ledes leem	li leste leu lemos lestes leram	lia lias lia líamos líeis liam	lera leras lera lêramos lêreis leram
⑩ medir medindo medido	meço medes mede medimos medis medem	medi mediste mediu medimos medistes mediram	media medias media medíamos medíeis mediam	medira mediras medira medíramos medíreis mediram
⑪ ouvir ouvindo ouvido	ouço ouves ouve ouvimos ouvis ouvem	ouvi ouviste ouviu ouvimos ouvistes ouviram	ouvia ouvias ouvia ouvíamos ouvíeis ouviam	ouvira ouviras ouvira ouvíramos ouvíreis ouviram
⑫ pedir pedindo pedido	peço pedes pede pedimos pedis pedem	pedi pediste pediu pedimos pedistes pediram	pedia pedias pedia pedíamos pedíeis pediam	pedira pediras pedira pedíramos pedíreis pediram

直説法		接続法			命令法
現在未来	過去未来	現在	未完了過去	未来	
haverei	haveria	haja	houvesse	houver	
haverás	haverias	hajas	houvesses	houveres	há
haverá	haveria	haja	houvesse	houver	haja
haveremos	haveríamos	hajamos	houvéssemos	houvermos	hajamos
havereis	haveríeis	hajais	houvésseis	houverdes	havei
haverão	haveriam	hajam	houvessem	houverem	
irei	iria	vá	fosse	for	
irás	irias	vás	fosses	fores	vai
irá	iria	vá	fosse	for	vá
iremos	iríamos	vamos	fôssemos	formos	vamos
ireis	iríeis	vades	fôsseis	fordes	ide
irão	iriam	vão	fossem	forem	
lerei	leria	leia	lesse	ler	
lerás	lerias	leias	lesses	leres	lê
lerá	leria	leia	lesse	ler	leia
leremos	leríamos	leiamos	lêssemos	lermos	leiamos
lereis	leríeis	leiais	lêsseis	lerdes	lede
lerão	leriam	leiam	lessem	lerem	
medirei	mediria	meça	medisse	medir	
medirás	medirias	meças	medisses	medires	mede
medirá	mediria	meça	medisse	medir	meça
mediremos	mediríamos	meçamos	medíssemos	medirmos	meçamos
medireis	mediríeis	meçais	medísseis	medirdes	medi
medirão	mediriam	meçam	medissem	medirem	
ouvirei	ouviria	ouça	ouvisse	ouvir	
ouvirás	ouvirias	ouças	ouvisses	ouvires	ouve
ouvirá	ouviria	ouça	ouvisse	ouvir	ouça
ouviremos	ouviríamos	ouçamos	ouvíssemos	ouvirmos	ouçamos
ouvireis	ouviríeis	ouçais	ouvísseis	ouvirdes	ouvi
ouvirão	ouviriam	ouçam	ouvissem	ouvirem	
pedirei	pediria	peça	pedisse	pedir	
pedirás	pedirias	peças	pedisses	pedires	pede
pedirá	pediria	peça	pedisse	pedir	peça
pediremos	pediríamos	peçamos	pedíssemos	pedirmos	peçamos
pedireis	pediríeis	peçais	pedísseis	pedirdes	pedi
pedirão	pediriam	peçam	pedissem	pedirem	

不定詞 現在分詞 過去分詞	直説法			
	現在	完了過去	未完了過去	過去完了
⑬ perder perdendo perdido	perco perdes perde perdemos perdeis perdem	perdi perdeste perdeu perdemos perdestes perderam	perdia perdias perdia perdíamos perdíeis perdiam	perdera perderas perdera perdêramos perdêreis perderam
⑭ poder podendo podido	posso podes pode podemos podeis podem	pude pudeste pôde pudemos pudestes puderam	podia podias podia podíamos podíeis podiam	pudera puderas pudera pudéramos pudéreis puderam
⑮ pôr pondo posto	ponho pões põe pomos pondes põem	pus puseste pôs pusemos pusestes puseram	punha punhas punha púnhamos púnheis punham	pusera puseras pusera puséramos puséreis puseram
⑯ querer querendo querido	quero queres quer queremos quereis querem	quis quiseste quis quisemos quisestes quiseram	queria querias queria queríamos queríeis queriam	quisera quiseras quisera quiséramos quiséreis quiseram
⑰ sair saindo saído	saio sais sai saímos saís saem	saí saíste saiu saímos saístes saíram	saía saías saía saíamos saíeis saíam	saíra saíras saíra saíramos saíreis saíram
⑱ ser sendo sido	sou és é somos sois são	fui foste foi fomos fostes foram	era eras era éramos éreis eram	fora foras fora fôramos fôreis foram

直説法		接続法			命令法
現在未来	過去未来	現在	未完了過去	未来	
perderei	perderia	perca	perdesse	perder	
perderás	perderias	percas	perdesses	perderes	perde
perderá	perderia	perca	perdesse	perder	perca
perderemos	perderíamos	percamos	perdêssemos	perdermos	percamos
perdereis	perderíeis	percais	perdêsseis	perderdes	perdei
perderão	perderiam	percam	perdessem	perderem	
poderei	poderia	possa	pudesse	puder	
poderás	poderias	possas	pudesses	puderes	pode
poderá	poderia	possa	pudesse	puder	possa
poderemos	poderíamos	possamos	pudêssemos	pudermos	possamos
podereis	poderíeis	possais	pudêsseis	puderdes	podei
poderão	poderiam	possam	pudessem	puderem	
porei	poria	ponha	pusesse	puser	
porás	porias	ponhas	pusesses	puseres	põe
porá	poria	ponha	pusesse	puser	ponha
poremos	poríamos	ponhamos	puséssemos	pusermos	ponhamos
poreis	poríeis	ponhais	pusésseis	puserdes	ponde
porão	poriam	ponham	pusessem	puserem	
quererei	quereria	queira	quisesse	quiser	
quererás	quererias	queiras	quisesses	quiseres	quer
quererá	quereria	queira	quisesse	quiser	queira
quereremos	quereríamos	queiramos	quiséssemos	quisermos	queiramos
querereis	quereríeis	queirais	quisésseis	quiserdes	querei
quererão	quereriam	queiram	quisessem	quiserem	
sairei	sairia	saia	saísse	sair	
sairás	sairias	saias	saísses	saíres	sai
sairá	sairia	saia	saísse	sair	saia
sairemos	sairíamos	saiamos	saíssemos	sairmos	saiamos
saireis	sairíeis	saiais	saísseis	sairdes	saí
sairão	sairiam	saiam	saíssem	saírem	
serei	seria	seja	fosse	for	
serás	serias	sejas	fosses	fores	sê
será	seria	seja	fosse	for	seja
seremos	seríamos	sejamos	fôssemos	formos	sejamos
sereis	seríeis	sejais	fôsseis	fordes	sede
serão	seriam	sejam	fossem	forem	

不定詞 現在分詞 過去分詞	直説法			
	現在	完了過去	未完了過去	過去完了
⑲ ter tendo tido	tenho tens tem temos tendes têm	tive tiveste teve tivemos tivestes tiveram	tinha tinhas tinha tínhamos tínheis tinham	tivera tiveras tivera tivéramos tivéreis tiveram
⑳ trazer trazendo trazido	trago trazes traz trazemos trazeis trazem	trouxe trouxeste trouxe trouxemos trouxestes trouxeram	trazia trazias trazia trazíamos trazíeis traziam	trouxera trouxeras trouxera trouxéramos trouxéreis trouxeram
㉑ valer valendo valido	valho vales vale valemos valeis valem	vali valeste valeu valemos valestes valeram	valia valias valia valíamos valíeis valiam	valera valeras valera valêramos valêreis valeram
㉒ ver vendo visto	vejo vês vê vemos vedes veem	vi viste viu vimos vistes viram	via vias via víamos víeis viam	vira viras vira víramos víreis viram
㉓ vir vindo vindo	venho vens vem vimos vindes vêm	vim vieste veio viemos viestes vieram	vinha vinhas vinha vínhamos vínheis vinham	viera vieras viera viéramos viéreis vieram

直説法		接続法			命令法
現在未来	過去未来	現在	未完了過去	未来	
terei	teria	tenha	tivesse	tiver	
terás	terias	tenhas	tivesses	tiveres	tem
terá	teria	tenha	tivesse	tiver	tenha
teremos	teríamos	tenhamos	tivéssemos	tivermos	tenhamos
tereis	teríeis	tenhais	tivésseis	tiverdes	tende
terão	teriam	tenham	tivessem	tiverem	
trarei	traria	traga	trouxesse	trouxer	
trarás	trarias	tragas	trouxesses	trouxeres	traz
trará	traria	traga	trouxesse	trouxer	traga
traremos	traríamos	tragamos	trouxéssemos	trouxermos	tragamos
trareis	traríeis	tragais	trouxésseis	trouxerdes	trazei
trarão	trariam	tragam	trouxessem	trouxerem	
valerei	valeria	valha	valesse	valer	
valerás	valerias	valhas	valesses	valeres	vale
valerá	valeria	valha	valesse	valer	valha
valeremos	valeríamos	valhamos	valêssemos	valermos	valhamos
valereis	valeríeis	valhais	valêsseis	valerdes	valei
valerão	valeriam	valham	valessem	valerem	
verei	veria	veja	visse	vir	
verás	verias	vejas	visses	vires	vê
verá	veria	veja	visse	vir	veja
veremos	veríamos	vejamos	vîssemos	virmos	vejamos
vereis	veríeis	vejais	vîsseis	virdes	vede
verão	veriam	vejam	vissem	virem	
virei	viria	venha	viesse	vier	
virás	virias	venhas	viesses	vieres	vem
virá	viria	venha	viesse	vier	venha
viremos	viríamos	venhamos	viéssemos	viermos	venhamos
vireis	viríeis	venhais	viésseis	vierdes	vinde
virão	viriam	venham	viessem	vierem	

索 引

*項目の定義や主な用法を示したページを太字で示します。

た

文法用語のポルトガル語表記一覧

, vírgula

. ponto

過去分詞　particípio passado

過去完了　pretérito mais-que-perfeito

　複合形と単純形　composto e simples

過去未来　futuro do pretérito passado /
　　　　　futuro do pretérito simples /
　　　　　futuro do passado

関係詞　relativos

冠詞　artigos

　定冠詞　artigos definidos

　不定冠詞　artigos indefinidos

疑問詞　interrogativos

形容詞　adjetivos

現在未来　futuro do presente

最上級　superlativo

ジェルンディオ（現在分詞）　gerúndio

指示詞　demonstrativos

指示形容詞

　　　　　demonstrativos adjetivos

指示代名詞

　　　　　demonstrativos pronominais

受動態　voz passiva

条件法　condicional

所有詞　possessivos

　所有形容詞　adjetivos possessivos

　所有代名詞　pronomes possessivos

進行形　forma progressiva

新正書法　nova ortografia

前置詞　preposições

性　gênero **PT** / gênero **BR**

　男性　género / gênero masculino

　女性　género / gênero feminino

接辞　afixos

　接頭辞　prefixos

　接尾辞　sufixos

　増大辞　aumentativo

　縮小辞　diminutivo

接続詞　conjunções

接続法現在

　　　　　presente do modo conjuntivo/
　　　　　　　　　　　　　　　subjuntivo

接続法未完了過去

　　　　　pretérito imperfeito do modo
　　　　　　　　　　conjuntivo / subjuntivo

接続法未来

　　　futuro do conjuntivo / subjuntivo

単数　número singular

直説法完了過去単純形

　pretérito perfeito simples do modo
　　　　　　　　　　　　　　indicativo

直説法未完了過去

　　　　　pretérito imperfeito do modo
　　　　　　　　　　　　　　indicativo

動詞　verbos

　現在形　presente do indicativo

　規則変化　conjugação regular

　不規則動詞　verbos irregulares

人称　pessoa

　親しみの度合い　familiaridade

人称代名詞　pronomes pessoais
人称不定詞　infinitivo pessoal
　非人称不定詞　infinitivo impessoal
　活用不定詞　infinitivo flexionado
　過去不定詞　infinitivo passado
能動態　voz ativa
　行為者　agente
比較級　comparativo
　同等比較級
　　　　　comparativo de igualdade
　優等比較級
　　　comparativo de superioridade
　劣等比較級
　　　comparativo de inferioridade
複数　número plural
副詞　advérbios
不定語　indefinidos
　不定代名詞　pronomes indefinidos
　不定形容詞　adjetivos indefinidos
名詞　substantivos／nomes
話法　discurso
　直接話法　discurso direto
　間接話法　discurso indireto
　自由間接話法　discurso indireto livre
　描出話法　discurso representado

発音と表記

¨　trema
~　til
、cedilha
'　apóstrofo
-　hífen
:　dois pontos

—　travessão
""　aspas
アクセント　acento
　強アクセント　tônico **PT** /
　　　　　　　tônico **BR**
　弱アクセント　átono
^　acento circunflexo
´　acento agudo
`　acento grave
音節　sílaba
　開音節　sílaba aberta
　閉音節　sílaba fechada
単母音　vogal
　二重母音　ditongo
　三重母音　tritongo
口母音　vogais orais
　二重口母音　ditongos orais
鼻母音　vogais nasais
　二重鼻母音　ditongos nasais
発音　pronúncia
表記　escrita

数詞と記号

数詞　numerais
基数　números cardiais
序数　números ordinais
四則演算　quatro operações
　足し算　adição
　引き算　subtração
　掛け算　multiplicação
　割り算　divisão
分数　fração
分母　denominador

主要参考文献

・市之瀬敦『中級ポルトガル語のしくみ』白水社、2012 年

・彌永史郎『新版　ポルトガル語四週間』大学書林、2011 年

・佐久間淳一『本当にわかる言語学』日本実業出版社、2013 年

・Ackerlind, Sheila R. & Jones-Kellogg, Rebecca. *Portuguese: a Reference Manual*. University of Texas Press, 2011

・Carreira, Maria Helena. & Boudoy, Maryvonne. *Le portugais du Portugal et du Brésil de A à Z*. Hatier, 2013

・Coimbra, Olga Mata. & Coimbra, Isabel. *Gramática activa I & II*. Lidel, 2000

・Cunha, Celso. & Cintra, Lindley. *Nova gramática do português contemporâneo*. Edições João Sá da Costa, 1984

・Ganho, Ana Sofia. & McGovern, Timothy. *Using Portuguese. A Guide to Contemporary Usage*. Cambridge University Press, 2006

・Moura, José de Almeida. *Gramática do português actual*. Lisboa Editora, 2005

・Teyssier, Paul. *Manuel de Langue Portugaise Portugal-Brésil*. Éditions Klincksiekc, 1984

著者紹介

市之瀬 敦（いちのせ あつし）
　1961年、埼玉県生まれ。東京外国語大学大学院修了。外務省在ポルトガル日本大使館専門調査員を経て、現在、上智大学外国語学部教授。著書に『中級ポルトガル語のしくみ』『日本語から考える！ポルトガル語の表現』（以上、白水社）、『クレオールな風にのって　ギニア・ビサウへの旅』『ポルトガル・サッカー物語』（以上、社会評論社）、『出会いが生む言葉　クレオール語に恋して』（現代書館）、『ポルトガル革命のコントラスト　カーネーションとサラザール』（上智大学出版）など。訳書にアンドレ・リベイロ／ヴラジール・レモス『背番号10』（白水社）など。

パウロ・フェイトール・ピント（Paulo Vítor Feytor Pinto Sampaio de Faria）
　1963年、ポルトガル、リスボン生まれ。コインブラ大学一般応用言語学研究所研究員。専門は言語学（応用言語学）。

レアンドロ・アルベス・ディニス（Leandro Rodrigues Alves Diniz）
　1984年、ブラジル、サンパウロ生まれ。ミナスジェライス連邦大学准教授。専門は言語学。

必携ポルトガル語文法総まとめ

2020年 1 月30日　第 1 刷発行
2024年 3 月 5 日　第 3 刷発行

著　者 ©　市　之　瀬　　　敦
　　　　　　パウロ・フェイトール・ピント
　　　　　　レアンドロ・アルベス・ディニス
発行者　　　岩　堀　雅　己
印刷所　　　株 式 会 社 三 陽 社

発行所 101-0052 東京都千代田区神田小川町 3 の24
　　　　電話 03-3291-7811（営業部），7821（編集部）　株式会社白水社
　　　　www.hakusuisha.co.jp
　　　　乱丁・落丁本は送料小社負担にてお取り替えいたします。

振替 00190-5-33228　　　　Printed in Japan　　　　誠製本株式会社

ISBN978-4-560-08863-0

● 和ポを大幅ボリュームアップ

現代ポルトガル語辞典

（3訂版）和ポ付

池上岑夫，金七紀男，髙橋都彦，富野幹雄，武田千香 編

わが国最大の本格的なブラジル，ポルトガル，アフリカのポルトガル語辞典．新正書法に準拠，和ポを大幅ボリュームアップ．全見出しに発音記号付き，サッカーなどジャンル別語彙集収録．見出し6万語・和ポ5900語．

B6変型　1517頁

◇◇◇

ニューエクスプレスプラス
ブラジル ポルトガル語

香川正子 著

会話＋文法，入門書の決定版がパワーアップ．ブラジルはもちろん，日本でも耳にする機会が増えているポルトガル語．発音から会話・文法まで，この一冊で基本をしっかり学べます．　　[2色刷] A5判　160頁【CD付】

ポルトガルのポルトガル語

内藤理佳 著

お待たせしました！　ポルトガルで使われているポルトガル語の参考書です．ポルトガルとブラジルの文法は基本的に共通ですが，細かな違いがあります．発音は大きく異なるので，付属CDでポルトガルの響きを味わいましょう．

A5判　239頁【CD付】